この本は３人のために書きました。

❶ついイライラしてしまう人。

❷イライラしている人に、
どうしていいかわからない人。

❸大切な人を、
イライラさせないようにしてあげたい人。

何が無くなる時、
大切な何かが
手に入ってくる。

丹谷彰宏

あきひろ

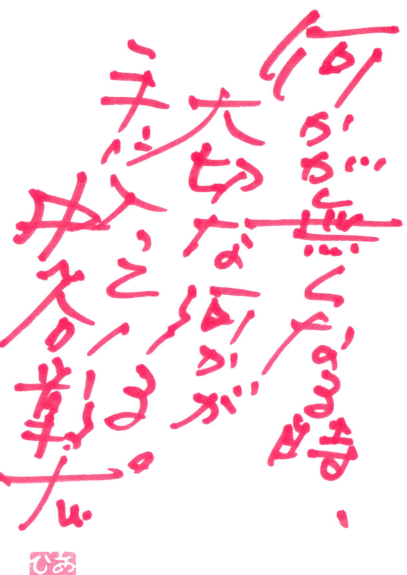

プロローグ

ガマンしても、イライラは消えない。

イライラする人は、真面目《まじめ》でいい人です。

いい人は、ガマンするタイプになります。

「私さえガマンすれば、この場が丸くおさまる」と思っているのです。

反論とかケンカは、決してしません。

だからといって、納得している訳ではありません。

心の中では、「でも、本当は……」とか「とはいうものの……」と、ウツウツとしています。

「お言葉を返すようですが」と言えたら、どんなに幸せだろうと思っているのです。

ガマンのイライラは、忘れようとしても消えません。

結局、それはためこんでいるだけです。

ためこんでいるガマンは、複利で膨《ふく》らんでいくのです。

優等生ほどイライラするのは、ガマンしてしまうからです。

ガマンしない人は、イライラしません。

関西人はせっかちで、イライラしているように見えますが、ガマンしないのでイラ

イラしていないのです。

時限爆弾ではなく、「どうなってんの」と、その場で炸裂《さくれつ》します。
自分の中で、イライラがたまらないのです。
お客様のクレームも、その場で炸裂してもらえると助かります。
そうしないと、クレームが大ごとになるからです。
あとになって怖い手紙が来るよりも、その場で言ってもらったほうがいいのです。
自分もガマンしないし、相手にガマンさせないことが大切なのです。

イライラしない人の習慣 01

ガマンしない。

イライラしない人の63の習慣

□ 01 ―― ガマンしない。
□ 02 ―― 解釈の仕方を、変えよう。
□ 03 ―― 今までと違うやり方をしてみよう。
□ 04 ―― 待たせていることに、気づこう。
□ 05 ―― 着替えよう。
□ 06 ―― 体を暖めよう。
□ 07 ―― 健康貯金をしよう。
□ 08 ―― イライラを、買い物で埋めない。
□ 09 ―― 悪口を関心と受け止めよう。
□ 10 ―― 外に出よう。
□ 11 ―― 穴ではなく、窓を持とう。

□ 12――責任感を面白さに、変えよう。
□ 13――優先順位を明確にしよう。
□ 14――モノを減らそう。
□ 15――気の重い仕事ほど、先にして、手放そう。
□ 16――目標設定をしよう。
□ 17――わからないものも、面白がろう。
□ 18――失敗を前提にしよう。
□ 19――「お仕事、お仕事」と、唱えよう。
□ 20――家族も他人と考えよう。
□ 21――役割を演じよう。
□ 22――生かされていると、感じよう。
□ 23――「拘束時間」を「出番」と考えよう。
□ 24――自分から、ほめ・感謝しよう。
□ 25――イライラした表情をしない。

□ 26――言い訳のために、勉強しない。
□ 27――怒りを、言葉に変えよう。
□ 28――過去の自分にこだわらない。
□ 29――「ヘンな」を目指そう。
□ 30――助け、助けられよう。
□ 31――神様の手伝いをしよう。
□ 32――準備をしよう。
□ 33――結果以外の自分のテーマを持とう。
□ 34――リスクをとろう。
□ 35――ズルをしない。
□ 36――止まっているものは一つもないと考えよう。
□ 37――相手のイライラは、愛情表現と感じよう。
□ 38――理想を、持とう。
□ 39――流れている音楽に、気づこう。

□ 40――15秒以上イライラしない。
□ 41――謝りすぎない。
□ 42――謝らせない。
□ 43――相手の事情も気づこう。
□ 44――イライラを見せることで、解決しようとしない。
□ 45――自分への攻撃と解釈しない。
□ 46――長期戦に持ちこもう。
□ 47――大目に見てもらっていることに、気づこう。
□ 48――信じているものを、一つ持とう。
□ 49――勉強しよう。
□ 50――楽しい記憶を思い出そう。
□ 51――イライラを、ご褒美に変えよう。
□ 52――試行錯誤しよう。
□ 53――自分より、イライラしている人を見つけよう。

□ 54 ― イライラしていない人を見よう。
□ 55 ― 狭い世界を、抜け出そう。
□ 56 ― 自分と他人の境目をなくそう。
□ 57 ― 相手の感情を感じよう。
□ 58 ― まだ起こっていないことも、考えない。
□ 59 ― 淡い交わりをしよう。
□ 60 ― 物事に限界をつくらない。
□ 61 ― 静かな応援者の存在に気づこう。
□ 62 ― 異質な人と、つきあおう。
□ 63 ― 手に入れたものに、気づこう。

●目次

第2章
風通しを、よくしよう。
空気が変わると、気分が変わる。

第3章 好きだからこそ、イライラする。

――自分の役割を、楽しもう。

第4章 いい人を、目指さない。
――うまくいかない部分が、面白い。

第5章 イライラの連鎖を、止める。

――すべての人に、事情があることを知る。

第6章 自分も他人も、信頼しよう。

——信じているものには、イライラしない。

第7章
異質なものと、出会おう。
――変なものに慣れると、イライラしない。

イライラしない人の63の習慣

第1章

イライラしても、イライラし続けない。

――解釈を、変えていこう。

不運にめぐり合っても、「燃える人」と「イライラする人」がいる。

女性は朝、ファンデーションのノリが悪いと、それだけでイライラします。

男性は朝、ヒゲをそる時に肌を切ると、それだけで1日がイヤな感じになります。

肌はメンタルに一番影響するのです。

内臓と違って生死に関係ないので、肌のたんぱく質は、あとまわしになります。

心臓・脳・内臓にまわるたんぱく質の余りが、最後に皮膚・髪・爪に来るのです。

ストレスがかかると、たんぱく質の消耗が大きくなって、たんぱく質が肌にまでまわってこなくなります。

イライラしている時に肌の具合が悪くなるのは、そのためです。

水分が行き届いていて肌の状態がいい時は、ヒゲそりの時に肌は切りません。

イライラしない人の習慣
02
解釈の仕方を、変えよう。

肌の状態が悪いと、ふだん切れないところが切れたり、ファンデーションのノリが悪くなるのです。

私もヒゲそりで、ある朝、肌を切ってしまいました。

私はヒゲをそりながら、いろんなことを妄想しています。

気持ちが楽しいところに行って、つい笑ってしまって切れたのです。

この時にイラッとするかどうかです。

出かける前に肌を切るのは縁起が悪いと解釈する人もいます。

私は、ヒゲをそりながら笑って、切り傷をつくっている自分はハッピーだなと解釈しました。

話のネタにもなるし、人から「どうしたんですか」と言われるのもうれしいです。

これが「解釈の枠《わく》を変える」ということなのです。

自分の枠で解釈するから、イライラする。

イライラするかどうかは、解釈で決まります。

同じ出来事に出会っても、イライラする人とイライラしない人がいるのです。

地下鉄銀座線は１分45秒間隔で次の電車が来ます。

そもそも「乗り遅れる」ということがないのです。

地方に行くと、１本逃すと、次の電車は2時間後です。

うっかりすると、夕方4時で終電です。

地方へ旅行した時に、電車が出て行ったばかりということがありました。

次の電車を駅員さんに聞くと、「2時間後に来ますよ」と、ニコニコ笑いながら言うのです。

都会の電車に慣れ切っている人は、「ニコニコ笑うところじゃないだろう」と、ムッとします。

1分45秒後に来るのが当たり前に思っていると、「こんなところで2時間待つなんて、時間のムダだ」ということになるのです。

鉄道マニアの鉄チャンは、その待ち時間を楽しみます。

ジャストに電車が来て、すぐに乗れたら、駅を味わえないのです。

一方で、旅行好きでない人は効率重視なので、待ち時間ゼロがベストです。

これが解釈の違いです。

解釈は、全員に共通ではありません。

自分の枠組みにおける解釈です。

自分の枠組みの中でしか解釈しない人は、イライラしか残りません。

上のステップに1段上がる時にイライラが消えます。

今、目の前にある問題の解決策は、今のフロアではなく、上のフロアにあります。

行き止まりのドアを開けるカギは、同じフロアにはありません。

同じフロアで、存在しないカギを探しているから、イライラするのです。

新しいヒット商品を今までの発想でつくろうとしても、ムリです。

今までしなかったやり方をしてみることです。

今までしてはいけないと思っていたことをすることで、次のヒット商品を生み出すことはできるのです。

イライラしない人の習慣

03

今までと違うやり方をしてみよう。

待たせている側が、イライラしている。

待ち合わせには、2通りの人間がいます。
「待っている人間」と「待たせている人間」です。
待っている人間は、別の言い方をすると、「待たされている人間」です。
普通は、待たされている側がイライラすると思いがちです。
実際にイライラするのは待たせている側です。
何かイライラしていたら、自分が誰かを待たせているということです。
ところが、
「自分はイライラしている」
→「ということは、何かに待たされているのではないか」

と、つい考えてしまうのです。

待ち合わせで面白いのは、大体遅れて来た人が怒っていることです。

本来、遅れて来た人が「ゴメン」と謝って、待っていた人が「遅い」と怒るところです。

そういう状況は、実際には起こりません。

遅れて来た人が「待ち合わせの場所がわかりにくい」と、怒りながら登場するのは、自分の中のうしろめたさを何かで取り戻そうとしているからです。

「出がけに上司がよけいな仕事を頼んで」

「めんどくさい電話がかかってきて」

「お客様がややこしいことを言って」

と言い訳をして、自分の中でバランスをとろうとするのです。

最終的には、「この忙しい時に呼び出すあなたも悪い」と、逆ギレします。

普通は、待たせている側がイライラさせる側です。

それなのに、自分がイライラしているのです。

それに気づけば、**「自分はイライラする側ではない。自分は待たせている側だ」という自覚が出てきます。**

遅れている人は、自分が誰かを待たせていることに気づいていません。

「イライラしているのは、自分が損をしているからに違いない」と、思いこんでいます。

まずは、自分が待たせている側だと気づくことです。

チームで仕事をしている時は、常にボールを持っている人が待たせています。

「待たせている」という自覚のない人は、「ボールはどこ？」と聞かれた時に、「なんで自分のところに突然ボールが？」と、すっとぼけているのです。

イライラしない人の習慣

04

待たせていることに、気づこう。

着替えない人は、イライラする。着替えることで、切り替わる。

イライラする人は、着替える回数が少ないのです。

着替えるのは、頭を切り替えるためです。

「頭を切り替えなさい」と言われても、そんな簡単には切り替えられません。

頭を切り替える具体的な行動が、着替えることなのです。

昔の日本映画を見ていると、着がえるシーンだらけです。

小津安二郎《おづやすじろう》監督の映画で、笠智衆《りゅうちしゅう》さんは帰ってくると洋服から浴衣《ゆかた》に着替えます。

昔のお父さんは、家で浴衣を着ていました。

娘役の原節子さんが着替えの浴衣を持ってきてくれます。

着替えるだけで、外のイヤなことを切り捨てられるのです。

イライラしない人の習慣

05 着替えよう。

休みの日に1日中ジャージを着ていると、気分を切り替える瞬間がなくなります。

ハリウッド映画でも、リチャード・ギアは、年がら年中、1日に2回も3回もワイシャツを着替えています。昔の日本人も同じことをしていました。

ワイシャツは肌に直に触れるので、下着と同じです。肌に触れているものはメンタルに影響を与えます。汗ばんでいると、汗の吸収が悪くなります。ジットリしたものを着ていると、メンタルが下がってくるのです。

山で遭難して救助された人には、最初に着替えさせます。体温が汗で奪《うば》われると、体力が消耗するからです。

着替えさせると、気分が変わります。

たとえ誰とも会わなくて、ほぼ寝巻に近い状態で1日過ごせる日でも、着替えるのです。着替えることによって気持ちが切り替わって、イライラしなくなるのです。

イライラしている時は、交感神経に針が振れている。

自律神経は、交感神経と副交感神経とに分かれます。

交感神経は頑張る神経で、副交感神経はリラックスする神経です。

仕事をしている時、勉強している時、スポーツをしている時は交感神経です。

寝ている時、お風呂に入っている時は副交感神経です。

興奮して寝られなくなるのは、交感神経優位になっているからです。

人間はだんだん年をとってくると、交感神経と副交感神経の切り替えがうまくいかなくなります。だから、ベッドに入ってもなかなか眠れないのです。

本当は5対5がいいのに、8対2ぐらいで交感神経が勝っている状態です。

そんな状態が続くから、体がどんどん疲れていきます。

疲れているのに、寝られないのです。

大切なのは、寝ることではなく、副交感神経で体をリラックスさせることです。

刑事ドラマを見ると、よくわかります。刑事はまず、救出した人質に自分の着ていたコートをかけてあげます。あれはいいカッコしている訳ではありません。人質になっていた人は、交感神経優位になっています。

コートをかけることで、暖めてリラックスさせるのです。

次に、お水を飲ませます。のどが渇《かわ》いているのでも、水分補給でもありません。

水を飲むことで、副交感神経に切り替わるのです。

イライラしている人は、交感神経優位に針が振り切れています。体を暖めたり、お水を飲むことで、副交感神経に切り替えます。イライラしやすい人、年がら年中イライラしている人は、交感神経と副交感神経の切り替えがうまくいっていないのです。

イライラしない人の習慣 06

体を暖めよう。

健康貯金がなくなると、イライラが始まる。

健康貯金をすると、自己肯定感が上がります。
お金の貯金ならわかりますが、「健康貯金」と言われても、ピンと来ません。
健康には、「睡眠」「食事」「運動」「ストレス」という4つの要素があります。
ストレスは、イライラのことです。睡眠・運動・食事がストレスに影響を与えます。
睡眠不足がたまって睡眠借金になると、イライラし始めます。
睡眠借金には2通りあります。
一つは徹夜です。徹夜は「睡眠借金をした」という自覚があります。
徹夜して頭の中がヘロヘロの時は、意識して寝ようとします。
毎日1時間ずつの睡眠不足は「睡眠借金」の意識がありません。

イライラしない人の習慣

07

健康貯金をしよう。

1週間、毎日1時間ずつの睡眠借金は、一晩の徹夜と同じことです。

それなのに、そこでの睡眠借金は返そうと思わないのです。

誰でも、まとまった借金は返そうとしますが、1000円ずつチビチビ借りていると、返そうと思わなくなるのと同じです。

イライラしている人は、毎日少しずつの睡眠不足です。

睡眠不足でパフォーマンスは下がります。

パフォーマンスが下がると叱られて、よけいイライラします。

イライラするのは、いいアイデアが浮かばない状態です。

「じゃあ、こうしよう」という代替案（プランB）が浮かばないのです。

プランBを出すのは脳です。脳は臓器なので、体の一部です。健康貯金がなくなって、健康借金に転んでいると、いいアイデアが浮かんでこなくなるのです。

イライラすると、モノを買いたくなる。

すっきりしたいと思ったら、モノをどんどん減らせばいいのです。
ところが、イライラしている時は、ついモノを買ってしまいます。
買うことによって、イライラを一瞬、解消できるからです。
一番危ないのは、イライラした時にお店に行くことです。
衝動買いをして、いらないモノを買ってしまいます。
「なんでこんなモノを買ったんだろう」と後悔する時は、その前に必ずイライラした
ことが起こっています。
TVを見ていると、イライラするような事件、腹が立つような事件が多いのです。
かわいそうな事件も含めて、「なんでこんなことが」と、凹《へこ》みます。

そのあとにTVショッピングを見ると、つい買ってしまいます。
世の中にムッとするような事件があると、TVショッピングの売上げが上がるのです。
普通は買わないモノまで買ってしまうからです。
人間の心は、常にバランスをとろうとしています。
イヤなことがあると、自分にご褒美《ほうび》をあげるのです。
衝動買いをする人は、イライラしている人です。
ハッピーなときに買い物はしません。
すでにハッピーだからです。
ハッピーな時は、誰かにモノをあげたくなります。
イライラしている時は、何かをもらいたくなるのです。
昔は、夜中に急にイライラしても、店が開いていませんでした。
コンビニが増え始めたのは、私が大学生のころです。
当時、「夜中に稲荷《いなり》ずしが食べたい」というコマーシャルは斬新《ざんしん》でした。

コンビニができたことで、夜中に稲荷ずしが食べられるようになったのです。

今やスマホを持っているだけで稲荷ずしが届きます。

1個からお届けしてくれます。

今はモノが無限に増え続ける時代です。

「イライラする」→「いらないモノを買う」という流れにならないことが大切なのです。

イライラしない人の習慣

08

イライラを、買い物で埋めない。

悪口を言うのは、無視できなくなった証拠だ。

悪口を言われると、イライラします。

以前は、悪口を言われても気がつきませんでした。情報化社会は、どんな一般人でも、自分の名前を入れて「悪口」と打ったら、検索できてしまいます。SNSでは、ほめるよりも悪口のほうが圧倒的に多いのです。

お笑い芸人さんなら、それをネタで発散できます。

普通の人は、それを発散する場所がありません。つい悪口に反論したり、悪口を言った人間の悪口を言って、そのワナに巻きこまれていくのです。

悪口を言われるのは、関心を持たれているということです。

無視できない存在になってきた時に、悪口を言われるのです。

イライラしない人の習慣

09

悪口を関心と受け止めよう。

相手からなんとも思われていない人は、悪口も言われません。

悪口を言うのは、評価しているのです。むしろ関心がかなり高いのです。

悪口を言われたら、「関心を持ってもらっているんだな」と解釈すればいいのです。

そうすれば、イライラはなくなります。

悪口を「嫌われている」と解釈すると、イライラします。

無視されるのは、もっとつらいのです。

「あの人嫌い」と言われるより、「その人誰?」と言われるほうがショックです。

しかも、何度も会って、ごはんも一緒に食べているのに、「お会いしたことないです」と言われるのです。

悪口を言われるのは、覚えてもらって、関心を持たれているということです。

無視できないぐらいの大きい存在になっているのです。

第2章

風通しを、よくしよう。

——空気が変わると、気分が変わる。

閉じこもると、イライラする。

イライラしている人は、閉じこもっている人です。
相手がイライラしている時は、一度、開放的な場所に連れて行きます。
狭い空間にいると、イライラします。
空気が変わらないので、気持ちも変わらないのです。
イライラは心の酸欠状態です。
窓を開け、外に出て、新しい風を感ずることです。
気分を変えることは、空気を変えることです。
お客様がクレームで延々と怒り続けるのは、密室にいる時です。
飛行機の中でも、これが起こります。

たとえば、乗りこんだ飛行機がなかなか飛ばないことがあります。

飛行機は窓が開けられません。

空気が変わらないので、みんながイライラし始めます。

そういう時は、**聴いていた音楽を変えたり、いったん降りればいいのです。**

流れを変えないと、イライラはさらに大きくなります。

ほかの人のイライラまで吸いこんでしまうのです。

休みの日に家の中でイライラすることがあった時も、外に出ます。

都市生活者は室内が快適な環境なので、つい室内に閉じこもりがちです。

高級な家ほど密閉度が高いので、よりイライラが増えていきます。

田舎の家はスキ間風だらけです。

子どもの時に、親によく「ストーブをつけっぱなしにしていると酸欠になるから、窓を開けなさい」と言われました。

高校の数学の加藤先生も、みんながあまりにも問題ができないと、「窓を開けなさい！」と言って、持っていた扇子であおいでくれました。

イライラが募《つの》ると、ウツになります。
ウツになると、どんどん閉じこもっていきます。
イライラすると、人は閉じこもりたくなります。
閉じこもるから、さらにイライラしていくという負のスパイラルに入るのです。
そこから抜け出すためには、窓を開けたり、外へ出ればいいのです。

イライラしない人の習慣

10

外に出よう。

勉強が、壁に窓をあける。

今は、すべての人が閉塞感《へいそくかん》を持っています。時代の閉塞感・人間関係の閉塞感・思春期の閉塞感もあります。閉塞感の壁に窓があることが大切です。

ホテルと牢獄《ろうごく》との違いは、窓の存在です。

窓があるのがホテル、窓がないのが牢獄です。部屋の広さは、あまり変わりません。

中谷塾で「勉強は壁に○○をあける」と書いて、「○○」に何が入るかという問題を出しました。ある塾生が「わかりました。自信があります。穴です」と答えました。

「穴」と「窓」とは違います。

穴は現状から逃げ出すところです。窓は、眺《なが》めるところです。

現状は悪くないのです。窓は、景色が見えます。穴は、外が真っ暗です。

窓からは光も風も入ります。

窓を開けることで、今この空間が快適になるのです。

穴は囚人が逃げるためのものです。

穴と窓とは、まったく違うものです。

閉鎖空間にいる人は、なんとか穴をあけようとします。

あけるのは穴ではなく、窓です。

窓は西洋絵画においては大切なテーマです。

西洋建築と日本建築の最も大きな違いは、窓の大きさです。

日本建築は、圧倒的に窓が大きいのです。

ふすまを開けたら全部が窓、障子を開けたら全部が窓です。

西洋のお城の窓は、縦長で細いのです。

西洋建築で窓が大きくなったのは、ル・コルビュジェ以降です。

ル・コルビュジェの建築は「壁がない」と言われました。

西洋建築では壁のほうが大切です。

イライラしない人の習慣 11

穴ではなく、窓を持とう。

日本建物は柱と窓でできているので、壁がないのです。

窓のある空間は、脱出しなくてもよい環境です。

イライラは、「いつになったら、ここを抜け出せるのか」と考えてしまうことです。

抜け出すことを前提にしているのです。

「いつになったら、こんな仕事からおさらばできるんだろう」

「いつになったら、この上司から離れられるんだろう」

「いつになったら、この会社を辞められるんだろう」

と考えていると、楽しくなくなります。

勉強して窓が開くことによって、「この仕事も、これはこれで悪くないな」という気持ちが湧いてきます。これが勉強のメリットです。

本を読むことも、すべて窓が開くことにつながっているのです。

責任感は、ストレスにも、面白さにもなる。

「こんな簡単な仕事は誰がしても同じ」と、文句を言う人がいます。

むずかしい仕事を任せたら任せたで、「むずかしい」「責任が重すぎる」と怒るのです。

責任感はストレスになりますが、一方で、面白さもあります。

自分にそういう役割を任されたということです。

たとえば、お客様のところにお詫《わ》びに行くという仕事を任されます。

映画のプロデューサーは威張《いば》っているようですが、仕事は、ほぼお詫びです。

監督・脚本家・スポンサー・役者など、あらゆるところにお詫びに行くのです。

それをけっこう楽しんでいます。

お詫びが楽しいのではありません。
お詫びを任される役を演じている自分が楽しいのです。
責任感は、ストレスにも、イライラにもなります。
一方で、人間は責任を与えられた瞬間、その仕事にやりがいを感じ始めます。
責任感のない仕事は、面白くありません。
責任感があるから、仕事が面白くなるのです。

イライラしない人の習慣 12

責任感を面白さに、変えよう。

優先順位がブレると、イライラする。

相田みつをさんは、書家を目指してから長い下積み時代がありました。
書家では食べていけないので、貧乏です。
それでも相田さんは、アルバイトはしないと決めました。
アルバイトをすると、
「アルバイトしないと食べていけない」
↓「アルバイトでもそこそこ食べていける」
となって、気の緩《ゆる》みが字に出てしまうのです。
奥さんも子どももいるし、家族は大変です。
相田さんは栃木県足利市に住んでいました。

売れていないころは、近所のお店をまわって、「看板や包み紙の字を書かせていただけませんか」と、頭を下げて営業していたそうです。

これはアルバイトではなく、書家としての本業です。

この時に、「私は書家だ。頼まれたらやるけど、頭は下げたくない。だから、アルバイトをする」という道もあります。

相田さんが頭を下げられたのは、「自分はアルバイトをしない。書で食べていく」という優先順位が決まっているからです。

芸術の道を目指して、お酒に溺《おぼ》れるタイプもいます。

そういう人は大体、家族思いのいい人です。

とはいえ、家族につらい思いをさせていることに耐えきれなくて、お酒に逃げるのです。

「家族に悪い」という気持ちをお酒に逃げて、よけい家族に迷惑をかけているのですから、「なにやってんの」という話です。

相田さんは、お酒に溺れることもありませんでした。

相田さんは、「うまい字」はいくらでも書けるのに、自分の書体を探し続けていたのです。

ある和菓子屋さんが「かわいそうだから、書かせてあげよう」ということで、相田さんに包装紙やお菓子の包み紙をお願いしてみることにしました。

すでに包装紙はあるのです。

「これよりうまく書ける自信はありますか」と聞くと、相田さんは**「自信はありませんけど、うぬぼれはあります」**と答えました。

「自信」より、「うぬぼれ」と言うところが相田さんのカッコよさです。

優先順位が明確な人には、イライラはありません。

イライラしている人は、優先順位がブレブレなのです。

イライラしない人の習慣

13

優先順位を明確にしよう。

あってもなくてもいいものは、ないほうがいい。

相田みつをさんは、もともとは短歌をやっていました。

相田さんの言葉のベースは、短歌です。

禅寺の和尚の武井哲応《てつおう》さんが短歌の師匠でした。

その禅師が主宰の短歌の会で、相田さんが五七五七七の短歌を書いた時に、師匠が「下の句はいらない。五七五だけで完結しているので、七七はあってもなくても同じだ。あってもなくても同じものは、ないほうがいい」と教えました。

これが相田みつをさんの美学のベースになっています。

「あってもなくても同じものは、とりあえずあったほうがいい」となると、モノは増えていきます。

モノが増えるとイライラします。

モノが減るとイライラは減ります。


イライラしている人ほど、モノが増えて、結果、部屋が散らかるのです。

モデルルームとかホテルの部屋、お寺がすっきりしているのは、よけいなモノがないからです。

よけいなモノがないと、心が清められます。

石庭も、よけいなモノがありません。

外国人が石庭を見ると、「なぜ花がないんだ」と、不思議に感じます。

日本庭園に花は必要ありません。

花がなくても大自然を感じられるからです。

「この木に花が咲くのだろうな」と感じることで、年に1週間しか赤くならないモミジを残りの51週も楽しめるのです。

外国人なら、ここに花を植えたり、水を張るところです。

石庭は水を表現しています。

実際に水がなくとも、島・海・滝を感じられるのです。
モノを増やすことでは、イライラは解消しません。
モノを減らすことで、イライラが消えていくのです。

イライラしない人の習慣

14

モノを減らそう。

イヤな仕事をあとまわしにすることで、イライラが生まれる。

イヤな仕事があると、ついあとまわしにします。

どうしても好きな仕事・ラクな仕事・楽しい仕事・取りかかりやすい仕事から始めてしまうのです。

そうすると、よりすぐったイヤな仕事がいつまでも目の前に残ります。

ふるいにかけられたイヤな仕事、予選を勝ち抜いたイヤな仕事が、怨念《おんねん》の気をはらみながら机に積み上がっていきます。

その怨念の気が自分をイライラさせるのです。

まずは、イヤな仕事、とっつきにくい仕事から始めることです。

それが片づけば、あとは気がラクです。

やり始めるまでは、しんどいです。

やり始めたら、「意外に早くすんだな」と感じます。

気の重い仕事を始めるまでが、一番しんどいのです。

気の重い仕事は、とっとと手放します。

そのためには、それを先行して片づけていくことです。

この時に完璧主義にならないように注意します。

3割でもいいのです。

完璧にしようとすると、「ベストコンディションになってからしよう」ということで、いつまでもしないのです。結局、「あれをやらなければいけないんだ」と、気の重い仕事がずっと頭に残ることになるのです。

これは、豪華客船のお支払いをいつするかという問題がいい例です。

豪華客船の料金は、「オールインクルーシブ」といって、船内での飲食から何からすべて込みです。

お支払いは「前払い」と「あと払い」の2通りがあります。

前払いは、乗る前に払います。

あと払いは、おりる時に払います。

先に払った人は、あとは楽しむだけです。

「あと払いが得に決まっている」と言って、あと払いにする人もいます。

乗っている間に「そろそろ払わなくちゃいけないのか。だんだん払う日が近づいてきたな」と思うと、楽しくなくなります。

同じ金額なのに、乗っている間の楽しさに差がつくのです。

私は、夏休みの宿題は「先に片づけ派」です。

宿題が残っていると、気になって楽しめなくなるからです。

締切も、ポンと早く出してしまいます。

イヤなことを先に片づけることで、イライラしなくなるのです。

イライラしない人の習慣

15

気の重い仕事ほど、先にして、手放そう。

目標がなくなると、イライラする。

イライラしている人は、「ここまでできた」という小さい成功体験と小さい達成感がないのです。

マラソンの選手は42キロも走ります。

10分やそこらでは着きません。

にもかかわらず、ランナーは、まったくイライラしていません。

それは、1キロ単位、5キロ単位で目標設定しているからです。

ペース配分で、5秒押しとかの世界です。

駅伝に至っては、「1秒押し」とか「1秒遅れ」という単位で走っています。

20キロも走る駅伝など、ライバルがたくさん走っている中で、ともすればイライラしそうな状況なのにイライラしないのは、自分の目標設定があるからです。

青学では、選手自身が目標設定を立てています。

それがあるから、「できた」「できなかった」という達成感と成功体験が得られるのです。

成功体験があると、「次の挑戦をしたい」という意欲が湧いてきます。

この時、「私は目標を与えられていないから」と言う人が出てきます。

与えられる目標だけでは、目標の数が少なかったり、大きすぎたりします。

毎日毎日、与えられる訳ではないからです。

自分で小さな目標をコツコツ立てていきます。

達成感を感じるためには、42キロで目標を設定するのではなく、1キロ単位で目標を設定して「できた」「できない」とやっていくと、達成感が得られます。

挑戦意欲とは、モチベーションのことです。

モチベーションが湧くのは、小さい目標を設定して、達成感があるからです。

目標設定が長期にわたりすぎると、「まだできていない」と、イライラします。

本を1冊書く時も、1日で200ページは書けません。

「残り何ページ」と考えると、モチベーションが湧いてこないのです。

私が大学時代に黒澤明さんの本を読んで実行していたのは、シナリオを1日1枚書くことです。

そうすれば、1年で1冊できるのです。

「とりあえず最後まで書け」と言われたら、苦しいです。

でも、1日1枚ならいけそうです。

中間目標は、自分で自分に与えるものです。

人からは与えられないのです。

イライラしない人の習慣

16

目標設定をしよう。

すぐわかるものに、感動はない。

感動することは、イライラしないためには大切です。

講演のアンケートでも、「感動しました」というコメントがけっこうあります。

感動するのが早いのです。

簡単に感動する人は、一方でイライラしています。

感動している人はイライラしないように思えます。

簡単に感動する人は、感動しているか、イライラしているかのどちらかです。

わかりやすいものに感動していると、わからないものにはイライラします。

3分で感動できるものを求めていると、3分で感動できないものにはイライラするのです。

岡本太郎さんは、「見てすぐわかる芸術は、芸術じゃない」と言います。

それが20世紀アートの世界です。

簡単に感動する人は、すでに評価が定まっているわかりやすいものには感動しますが、よくわからないものにはイライラするのです。

たとえば、アメリカ映画は、わかりやすくできています。

悪は悪、善は善、ハッピーエンドはハッピーエンドです。

それが最初からわかるようにできています。

これに慣れている人は、ヨーロッパ映画は意味不明です。

「突然終わった」と思うのです。

「ＦＩＮ」が出ると、「エッ」という声が上がります。

ハッピーエンドかどうかもわかりません。

どこかに書いてあるのではないかと、探したりします。

明治神宮のおみくじは、とても面白いのです。

「大吉」とかは書いてなくて、御歌《みうた》が書いてあります。

初めて明治神宮でおみくじを引いた人は、おみくじを開けた時に必ず上を見ます。

「何番は何」と、どこかに書いてあるのではないかと探すのです。

「大吉」とかだけを見る人は、本文を読みません。

自分のおみくじを見て、友人にも「そっちは何？」と聞いています。

大切なのは本文です。

すぐわかるものに食いつく人は、すぐわからないものにイライラします。

便利なものに慣れていると、不便なものにイライラします。

世の中はどんどん便利になって、どんどんわかりやすいものを優先するようになっています。

その中で、わかりにくいものにも、「わからないけど、これはこれで面白い」と思えるかどうかです。

食べ物もどんどんやわらかくなっています。

その中で、かたいもの、食べるのがめんどくさいものにも挑戦していきます。

たとえば、ピスタチオはかたいのです。

ミックスナッツを食べていると、必ずピスタチオが残ります。
殻をむかないといけないので、めんどくさいのです。
そのめんどくささをどう味わうかです。
わからないものを面白がることが大切なのです。

イライラしない人の習慣

17

わからないものも、面白がろう。

失敗がないことを前提にするから、イライラする。

「なんで失敗するんだ」と、部下にイライラする上司がいます。

部下は、失敗を前提にして育てていくものです。

仕事の現場では、

「マナーひとつ知らないのか」

「こんなことからも教えないといけないのか」

「こんなものは家庭と学校と共同体で覚えてくるのが当たり前だろう」

と、イライラしないことです。

相手が教わっていないことを前提に指導すればいいのです。

「そんなことから」ということを教える人は、世の中にいません。

「そんなことから」を教えることができる人は、なくてはならない存在になります。
イライラしたら、そこに何かチャンスがあるのです。
そのイライラした問題を自分が解決すると、みんなが自分のところへ集まってきます。

日本人はそこそこレベルが高いのです。
みんながそれほど失敗をしないので、失敗をしないことが前提になりがちです。
そのため、イライラが多いのです。
海外は、失敗をすることが前提です。
もともと全体がちゃんとできるとは限らないからです。
飛行機が「欠航です」となると、日本人はすぐにイラッとします。
「どういうことだ。欠航とはなんだ」「ありえないことが起こった」と怒ります。
海外では、欠航は当たり前です。
日本人は、スーツケースがターンテーブルから出てこないと焦《あせ》ります。
スーツケースが出てこない確率は、30分の1です。

これは、30人の団体で必ず1個はないということです。

当たり前の出来事なのです。

不具合に慣れている外国人は、イラッとしないで「じゃあ、どうしようか」と考えられるのです。

イライラしない人の習慣

18

失敗を前提にしよう。

第3章

好きだからこそ、イライラする。

――自分の役割を、楽しもう。

「仕事だから」と考えると、イライラしない。

遊びでイライラするよりは、仕事でイライラするほうが多い。

好きな仕事をしている人ばかりではなく、好きでない仕事をしている人もいます。

好きな仕事を選んだとしても、好きな仕事の中の9割は好きでない仕事です。

1割の好きなことをするために、9割の好きでないこともガマンしてやっているのです。これが仕事と趣味との違いです。

趣味ですら、好きな部分は1割、好きでない部分が9割です。

それでも楽しいから、その趣味を続けているのです。

仕事のイライラを乗り越える方法は簡単です。

「仕事だから」と思って、「お仕事、お仕事」と、呪文《じゅもん》を唱《とな》えればいいのです。

なまじ好きな仕事をしている人のほうがイライラします。

「子どもの時から憧れていた仕事がやっとできたのに、なんでこんな仕打ちを受けなければいけないの」ということが起こるからです。

キャビンアテンダントに憧れていた人は、自分の中では「海外のあちこちを飛び歩いて、おいしいものを食べ歩き」というイメージを持っています。

それなのに、お客様にクレームを言われるのです。

好きなことのすぐそばに、イライラがあります。

好きでない仕事についた人は、最初からあきらめています。

むしろ「好きでないけど、そのわりにはこういう面白いところもあった」と思えるのです。

イライラしない人の習慣

19

「お仕事、お仕事」と、唱えよう。

親しい人に、イライラする。

一流ホテルのお客様にも、イライラしている人がいます。

「一流ホテル」と聞いて来たのに、期待したほどではなかったからです。

その人は一流ホテルに100パーセントを求めています。

どんな一流ホテルでも、初めて来たお客様にサプライズはできません。

何が好きかわからないし、誕生日も知らないからです。

好きな仕事は、趣味との境界線があやふやです。

「本当は別の仕事をしたかったんだけど」と言う人は、趣味と仕事との境目がくっきりついています。


なりたい仕事につけなかった人のほうが、逆にイライラがないのです。

「だって、仕事だもん」と思えるからです。

仲のよい恋人同士が結婚すると、ケンカばかりしています。

「夫婦は、もっとあうんの呼吸で全部わかってくれるんじゃないの？」と言うのです。

つきあっている間は、まだ「他人」という気持ちがありました。

「一緒に暮らしたら、すべてわかってくれるはず」という過度な期待が生まれて、イライラしてしまうのです。

イライラしない人の習慣

20

家族も他人と考えよう。

「人間」にイライラしてきたら、「役割」にはイライラしない。

お客様からのクレームは、９割は自分以外が原因です。
上司・同僚・部下、そしてお客様自身が原因で、自分が怒られるのです。
その時にイライラするのは、「自分が怒られている」と思うからです。
自分が怒られているのではありません。
自分の役が怒られているのです。
役を演じている時は、イライラすることはありません。
映画の中で、主人公はいつもピンチに追いこまれます。
それを演じた役者は、家へ帰ったらニコニコ笑っています。
自分がそういう役を演じているとわかっているからです。

役者でない人は、「お客様担当」という自分の役を忘れて、お客様にクレームを言われた時に自分の人格を否定されたと感じるのです。

役の発想は、自分以外にも使えます。

融通《ゆうずう》のきかない堅物のガードマンさんに、「融通がきかなくて、最低だな」と言うのは間違っています。

融通がきかない人は最高のガードマン役ができます。

ガードマンは融通がきいてはいけないのです。

「ちょっと数字が合わないけど、まあいいです」と言う銀行員とか、「この間、ごちそうになったから、この人には判定を甘くしよう」という審判では困ります。

融通は、人間としては必要です。

役目としては、ないほうがいいのです。

イライラするのは、「人間」として怒っているのです。

「こういう役目」と考えれば、イライラしなくなります。

いつも叱っている先生は「叱り係」です。

頭のかたいことを言う上司は「頭のかたいことを言う係」という役目を演じているだけなのです。

役と人間を分離しないと、悪役の俳優さんは悪人という勘違いが起こります。

その人は、ただ悪役を演じているだけなのです。

イライラしない人の習慣

21

役割を演じよう。

生かされていると考えると、イライラしない。

イライラする人は、「自分の力で生きている」と思いこんでいます。そうではありません。人間は、大きな力で生かされているのです。

「大きな力」は、神様だったり、仏様だったり、ご先祖様だったりします。

「生かされている」と思うと、「生かしてもらっているんだから、自分の役割を果たしていこうかな」と考えられるのです。

イライラするような課題を与えられたら、「この課題を解決するために、自分は生かされている」と考えます。

「生かされている」という意識があると、自分の役割を意識できます。

「少なくとも与えられた役割はちゃんとやろう」という気持ちが湧いてくるのです。

「自分の力で生きている」というのは、思い上がった考え方です。

そういう人は、

「これをすると、どういうメリットがあるか」

「どういう見返りをもらえるか」

「見返りがまだもらえていないが、どうなっているのか」

という気持ちになります。

「生きている」と思うと、見返りを待つようになるのです。

「生かされている」というのは、受け身の考え方ではありません。

生かされているからこそ、役割を果たそうと、より前向きになれるのです。

見返りを待つと、イライラします。

役割を果たそうとすると、イライラしなくなるのです。

イライラしない人の習慣

22 生かされていると、感じよう。

拘束時間が長いのは、出番が多いということだ。

ある映画の撮影で、大物俳優さんがムッとした顔をしていました。

監督は、「待ち時間が長かったかな」と心配しました。

ムッとしたのは、出番が少なかったからです。

監督としては、大物俳優さんに気を遣《つか》って、拘束《こうそく》時間をできるだけ短くするため、ワンシーンだけにしたのです。

役者としては、出番が多いほうがうれしいのです。

これが仕事となると、逆のことが起こります。

拘束時間が長くなると、「早く帰りたい。この待ち時間は何?」と、文句を言うのです。

「ノルマが多い」

ではなく、

「出番が多い」

と考えれば、イライラしなくなるのです。

イライラしない人の習慣

23

「拘束時間」を「出番」と考えよう。

他者からされたほめ・感謝は、持続しない。

イライラを減らすために、ほかの人からほめてもらったり感謝されようとしても、その効果は一瞬です。

「私はほめられて伸びるタイプです」という人がいます。

「感謝が少ないので、もっと感謝されたら頑張るんですけど」とも言う人がいます。

たしかに、一瞬は頑張ります。

それは麻薬的な効果です。

ほめられたり、感謝されたりがなくなると、一気にテンションが下がって、イライラがぶり返すのです。

安い給料でイライラしている人に、給料に色をつけて上乗せしてあげます。

すると、突然イライラが消えて、ニコニコになります。

それも一瞬です。

次の時には、「前回つけてもらった上乗せが今回ないんですけど」とか「前回と同じぐらいの量しか上がってないんですけど」と言い出します。

色をつけてもらうのが当たり前になることで、またイライラが生まれるのです。

持続的にイライラがなくなる方法は、自分が他者に何かをすることです。

他者に対して、ほめたり、感謝したり、プレゼントしたりするのです。

人からもらったプレゼントは、誰からもらったかまでは覚えていません。

「誰かからもらった」ということだけは覚えています。

そうこうしているうちに、「自分で買ったんだっけ」という気持ちまで湧いてくるのです。

自分が人にあげたモノは、永遠に忘れません。

誰におごられたかは忘れても、自分がおごったことはずっと覚えています。

自分が他者にしたことは、それだけ覚えているのです。

その分、自己肯定感が上がって、イライラがなくなります。

自己肯定感が下がった状態が、イライラするということです。

自己肯定感が上がると、イライラしなくなります。

イライラしないためには、まわりの人に何かをしてあげればいいのです。

自分がしたことは、永遠に忘れません。

自分が覚えていれば、相手が覚えているかどうかはどうでもいいのです。

あげた人に会うたびに、「私はこの人にプレゼントをあげた」「私はこの人におごった」と思って、うれしくなります。

おごられている人より、おごっている人のほうがハッピーなのです。

イライラしない人の習慣

24

自分から、ほめ・感謝しよう。

不運に目がつり上がっていると、イライラする。

イライラは表情から生まれます。

負のスパイラルを正のスパイラルに変えるためには、表情を変えればいいのです。

イライラしていると、大体、目がつり上がってきます。

ムッとした時に、眉間《みけん》にシワを寄せて、目がつり上がると、それが脳にフィードバックします。

脳は、

「自分は損した状況にある」

「自分は困った状態にある」

「自分はイヤなことをされている」

と感じるのです。

イヤなことがあっても笑っていると、脳は「何かいいことがあった」と、だまされます。脳にいいフィードバックをするためには、イライラした表情を出さないようにすることです。

イライラしている時は、自分がイライラした表情をしていることにも気づきません。

「そんなイライラした表情をして、どうしたの？」と言われると、「イライラなんかしてないよ！」と、よけいイライラするのです。

まずは顔の力を抜くことです。

ほとんどの人が顔に力が入っています。

顔の力を抜くのは、むずかしいのです。

頑張ろうとすると、最初に顔に力が入ります。

ジムに行くと、面白い人がいます。

運動に慣れていない人は、顔でバーベルを上げようとします。

顔の力を抜かないと、バーベルは上がりません。

イライラしない人の習慣

25

イライラした表情をしない。

顔に力が入った時点で肩にも力が入っているので、インナーマッスルに力が入らなくなるのです。

ダンサーは、みんな涼しげな顔をしています。顔が必死になると、体の中に力が入らなくなるからです。苦しそうな顔のバレリーナはいません。

バレリーナは体の中に凄《すご》い力が入っているので、上半身の力は抜けています。

首から上の力が抜けているから、美しく見えるのです。

踏ん張っているバレリーナは、見たくありません。

重量挙げの選手も顔は涼しげです。顔に力が入ると、挙がらないのです。

シンクロナイズドスイミングは死ぬほどの思いをしているのに、顔は涼しげです。

それは体の中に力が入っているからです。

イライラしている人は、顔に力が入って、体の力が抜けているのです。

心理の勉強を、言い訳に使う人、行動のために使う人に分かれる。

心理の勉強を始める人の中には、自分がつらい状況になっている人がいます。自分の状況を乗り越えるために、心理学の勉強をするのです。

そこから先は2通りに分かれます。

一つは、「だから、私はできないんだ」という言い訳に使う人です。「これが自分のトラウマだ」「トラウマがあるから仕方がない」と、だんだんトラウマ好きになっていきます。自分で行動を起こさないための大義名分として、心理学の勉強をしたり、心理学の本を読むのです。

もう一方は、自分が行動するために、心理学の勉強をしたり、心理学の本を読む人です。

「こういうことなのか。だったらこうしよう」と、アクションを起こすのです。

勉強は、アクションを起こすためにすることです。アクションを起こさないために勉強している人は、勉強で自分ができない理由を見つけようとするのです。

占いを聞きに来る人にも、自分の前世を聞いて、今、自分が行動できない理由の大義名分にします。前世の不幸を聞くと、不思議なことにうれしそうな顔になります。

結局は何もしないのです。

行動しないことが、イライラの原因です。

行動している人は、イライラしません。

行動しないために本を読む人は、血液型の本や星座の本を読んで、「私は○型だから……」「私は○○座だから……」と言って、行動できない言い訳にします。

これは間違った本の読み方です。本は行動するために読むものなのです。

イライラしない人の習慣

26

言い訳のために、勉強しない。

言葉にすると、イライラは消える。

イライラしている人は、

「何にイライラしているの？」

と聞かれても、答えられません。

イライラは、言葉にしにくいのです。

イライラしたら、それを言葉に置き換えていくと、イライラはおさまります。

怒った時も、どういうふうに怒っているのか言葉に置き換えます。

「ムカついている」

「ウザい」

という感情を、言葉に置き換える作業を自分の中でしていくのです。

そのためにはボキャブラリーを増やす必要があります。

ボキャブラリーが増えていくと、イライラをどんどん消すことができるのです。

イライラしない人の習慣

27

怒りを、言葉に変えよう。

新しい環境では、過去の自分にこだわらない。

まわりの環境が変わった時にイライラが起こります。

「前の会社ではこう教わっていた」と考えるからです。

これは、ホテル業界でもよくあります。

ホテル業界は、別のホテルに移るのは比較的自由です。

転校というほどではなくて、クラス替えよりもっと簡単です。

ライバルホテルに異動しても、席替えぐらいの感じです。

大変なのは、それぞれのホテルに流派があることです。

「前の会社ではこう教わっていた」という考えを引きずると、新しいところでぶつかり合うのです。

異動してきた人たちが集まっているので、みんなやり方が違ったりします。

上司に「ちゃんとやれ」と言われて、

「教わった通りやっています」

「いや、それは違うよ」

となると、今までの自分を否定されたような気がします。

その時は、過去の自分にとらわれないで柔軟に対処することが大切です。

メジャーリーグに行った日本の一流の野球選手も、最初はこれでみんな困ります。

日本のグラウンドは、常に整備が行き届いています。

メジャーリーグは、そこまで整備が行き届いていません。

そのため、マウンドの状況が違うのです。

日本はデリケートにメンテしますが、外国はデリケートにメンテしません。

サービスの仕方も、日本と外国とでは違います。

外国からサービスの研修会社の社長が来た時、私はホテルに連れて行って、日本のサービスを見せました。

私は「グラスのお水を満タンに入れないでしょう。これが日本のサービスです」と説明しました。

外国では、お客様のグラスにお水を満タンに入れるのがサービスです。

「なんで日本はこんな少ししか水を入れないんだ、もっと入るのにケチ」と思うのは、日本のサービスでは間違いです。

お水を少ししか入れないと、減った時に補充がめんどくさいです。

そのめんどくささが日本のサービスです。

すぐにおかわりを届けます。

アメリカは、お客様のためにたっぷり入れるのではありません。

おかわりの手間を省くためです。

ところが、外国に行くと、その地域でのサービスができないとＮＧです。

単一文化の社会にいると、「正しい」は１個しかありません。

世の中が多様化して、グローバル化していく中では、「正しい」はいくつもあります。

隣の職場に変わって、仕事の仕方が少し違う時に、「前はずっとこうやって教わっていました」にこだわると、イライラします。

「正しい」は、無限にあるからです。

「最高」も1個ではありません。

無限にあります。

究極は、「正しい」にこだわらないことです。

「正しい」にこだわるタイプが、一番イライラが残るのです。

イライラしない人の習慣

28

過去の自分にこだわらない。

第4章

いい人を、目指さない。

――うまくいかない部分が、面白い。

「凄い」を目指すと、イライラする。「ヘンな」を目指すと、イライラしない。

イライラしている人は、向上心のある人です。「凄い」を目指しているのです。

高い目標を掲《かか》げれば掲げるほど、その目標を達成することはむずかしくなります。

達成できない自分に対しても、自己肯定感が下がります。「あの人はもう達成した」「あとから来たヤツに追い越された」ということで、イライラが始まるのです。

イライラしない方法は、「凄い」ではなく、「ヘンな」を目指すことです。

たとえば、知り合いにおいしいラーメン屋さんを紹介する時に、「ヘンなラーメン屋さんがあるんですよ」と言うと、「ちゃんとしてるじゃない。おいしいよ」と言われます。

「凄いラーメン屋さんがあるんですよ」と言うと、おいしいのに「普通じゃない」と

イライラしない人の習慣

29

「ヘンな」を目指そう。

言われます。それは、「凄い」と言われて期待値が上がったからです。

「凄い」はマックスです。

マックスと比べたら、どんなことでも「普通」になるのです。

「凄い美人」と紹介されると、その時点でハードルが上がって、会うのがつらくなります。「ヘンな美人」と言われると、ラクになります。

実際に会うと「ちゃんとしてるじゃない」と言われるのです。

「ヘンな」は、ハードルを下げてくれる言葉です。

ＨＩＳの澤田秀雄さん経営の「変なホテル」が、まさにこれです。

「ＡＩホテル」と言ってしまうと、「ＡＩもまだまだだな」と言われます。

「変なホテル」は、「ヘンなホテルと言うわりには、どうしてどうして、ちゃんとしているよ」というツッコミを計算した上でのネーミングなのです。

完璧は、人間関係を拒絶する。

イライラしている人は、「私は完璧を目指すから、あなたも完璧を目指してね」と言います。

「私は完璧だから、よけいなことをしないでね」と言って、すべての人に独立した完璧性を求めるのです。

ラーメン屋さんでラーメンにコショウをかけていると、「なにやってんだ」と怒られることがあります。

「味は完璧だ。勝手なことするな」と叱られるのです。

天ぷら屋さんでも、「これは塩で食べると完璧なのに、なに肩までダシに漬けているんだ。しかも漬けっぱなしでフヨフヨにして。パリパリがおいしいのに」と、怒られます。

完璧を目指されると、お客様としては、しんどいです。

一方で、ある一流の天ぷら屋さんで、「よかったらウスターソースもありますよ」と言われました。

これは大阪ならではです。

一流の天ぷら屋さんでは、「すみません、ソースください」とは言えません。

自分でつくった天ぷらに、ソースをかけようが、しょうゆをかけようが、マヨネーズをかけようが、ケチャップをかけようが、別にいいのです。

自分が完璧でないとわかっている人は、相手にも完璧を求めません。

お互いの完璧を補い合うことが人間関係をつくるのです。

「あんたができないところは私がやるから。そのかわり、私ができていないところをあんたやってね」ということです。

不完全であることによって、人間関係が生まれます。

完璧主義は人間関係の拒否です。

「私は完璧ですから、よけいな手出しをしないでください」となるのです。

自己完結性は、人間関係を否定して、まわりとの壁をつくる行為です。

これがイライラのモトになります。

「私は完璧につくったのに、なにソースかけてんの」と、イライラするのです。

ほぼ習慣で食べる前にかけているのに、「食べてからかけろ」と言われたら、つらいです。

補い補われる関係が柔軟な人間関係をつくって、イライラを生まなくなるのです。

イライラしない人の習慣

30

助け、助けられよう。

神様になろうとすると、イライラする。神様の手伝いをすると、イライラしない。

イライラする人ほど、まじめで、一生懸命で、いい人です。まじめで、一生懸命で、いい人になるとイライラしなくなるかというと、そんなことはないのです。

「ちゃんとしなさい」と言われて、ちゃんとしていてもイライラはなくなりません。

むしろ、ちゃんとしようと思えば思うほど、イライラします。

それが完璧主義です。完璧主義の人は、神様になろうとしています。

あれもこれも、これもあれも、全部しようとしているのです。

「私はこんなに一生懸命、部下を育てようとしているのに、ちっともわかってくれない」と言いますが、部下からは「大きなお世話です。それはパワハラですよ」と言われてしまいます。

よかれと思ってしていることが受け入れられないと、ますますイライラします。

それは神様になろうとしているからです。イライラしないためには、神様になろうとするのではなく、神様の手伝いをしようと思えばいいのです。

手伝いをしている時、イライラしません。自分より上の完璧な人のお手伝いをするのだから、自分が完璧でなくてもいいからです。

「これくらいできれば御《おん》の字」と考えられるのです。

「○○できれば御の字」という発想で、イライラを防ぐことができます。

イライラする人には「○○できれば御の字」という発想がありません。

「まだこれができていないし」「もっとこれもできたはずだし」と言うのです。

教祖になるか、伝道者になるかの分かれ目です。

イライラしない人の習慣

31

神様の手伝いをしよう。

100パーセントの完璧主義者は教祖を目指しています。

教祖と伝道者は、どちらも同じように信じています。

ただし、教祖は自分が完璧だと考えています。

伝道者は、職人さんです。職人さんは、完璧は不可能であることを知っています。

ここからまた、
① 完璧は不可能だから、一生懸命しなくていい
② 完璧は不可能でも、限りなく100パーセントを目指そう
という2通りに分かれます。

100パーセントを目指し、昨日より今日、今日より明日を少しでもよくしようと考えるのが、職人さんであり、プロフェッショナルです。

そう考えると、イライラはなくなるのです。

イライラは、うしろめたさから生まれる。

イライラしている人は、「私は正しくて、相手が間違っている」というふうに考える人ではありません。

イライラするのは、自分の中に、どこかうしろめたいことがあるからです。

そのうしろめたさをカバーするために、イライラすることで埋めようとしているところがあるのです。

たとえば、学校でも、宿題をちゃんとしてきて、今日の授業の準備をしてきている人は落ちついています。

宿題をしてきていない人のほうがイライラして、ちょっとしたことでキレやすいのです。

本来、キレていいのは、ちゃんと準備をしてきた人です。
「私はこんなに授業の準備をしているのに、みんなはなんだ」と怒るなら、わかります。実際は逆です。

準備してきた人はイライラしません。

準備の足りない人は、
「準備の足りなさをツッコまれたらどうしよう」
↓「準備が足りないのは、自分もわかっている」
↓「なんであの時、準備しなかったんだろう」
↓「でも、忙しかったから仕方ない」
↓「でも、それは言い訳だよね」
……と、自分の中でクヨクヨして、ヘトヘトになった状態でイライラするのです。
イライラは、体や脳を使っている時ではなく、気を遣っている時に起こります。
気を遣うと、ムダなエネルギーを消耗します。
疲れ切った状態で、訳もわからずイライラするのです。

イライラしている人は、自分がどうしてイライラしているのか、わかりません。
さらには、イライラしている自分にも気づきません。

まわりから「なにイライラしているの」と言われるから、「イライラなんかしてないよ！」と、よけいイライラするのです。

イライラをなくすためには、準備をすることです。

あらゆる仕事に準備があります。準備をすれば、余裕を持てます。

余裕がなくなると、イライラするのです。

イライラしない人の習慣 32

準備をしよう。

イライラは、結果を焦ることから生まれる。

「急ぐ」とは、準備を早くすることです。「焦る」とは、結果を急ぐことです。

イライラしている人は、焦っています。「そんなに焦らないで」と言っても、「だって、まだ結果が来ないんだもん」と言うのです。

結果には「見える結果」と「見えない結果」があります。

イライラしないためには、自分の中で見える結果とは別のテーマを設《もう》けて、そのテーマができたかどうかを確認すればいいのです。

スポーツの試合で、勝つか負けるかが決まります。結果を考えると、勝つか負けるかは5分5分です。強い相手なら、勝てる確率は1割あるかないかです。

たとえ過去に一度も勝ったことがない相手だったとしても、「最後まで試合を投げない」というテーマなら、達成できる可能性があります。

映画『ロッキー』で、最後、シルベスター・スタローンは、バンザイして、「エイドリアーン」と叫んで抱き合います。そこに、あのテーマ音楽が流れます。

試合は負けたのに、ハッピーエンディングです。対戦相手が肩車をされて凱旋《がいせん》していますが、カメラはそれをまったく撮っていません。

負けたロッキーに、あたかも勝ったかのような音楽が流れているのです。

ロッキーのテーマは、勝つことではありません。最後までリングで立っていることです。

判定では負けても、ダウンしなければ、自分のテーマとしての結果は得られています。ここにイライラはないのです。イライラしている人は、自分でテーマを決めません。常に他者から与えられた結果だけを待っているのです。

33

結果以外の自分のテーマを持とう。

リスクから逃げると、イライラが生まれる。

リスクから逃げると、イライラが生まれます。

イライラしている人は、気を遣っています。

頭は使っていません。

「気を遣う」とは、「こうなったらどうしよう」とクヨクヨすることです。

「ここでこんなふうに言われたらどうしよう」

「もうすでに嫌われているんじゃないだろうか」

と、クヨクヨすることです。

「頭を使う」とは、「こうなったら、こうしよう」と、作戦を考えることです。

気を遣っている時は、頭を使っていません。

気は一切遣わないで、頭を使えばいいのです。

リスクをとることは、頭を使うことです。

リスクから逃げるのは、頭を使っていません。

作戦を考えなくていいからです。

「私は聞いていない」と言って責任から逃れようとする時は、頭は使いません。

「これは私の責任でやる」と言った瞬間、頭を使わざるをえなくなります。

頭を使い、リスクをとることによって、メンタルが鍛えられて、早く考えるようになります。


リスクから逃げている人は、行動が遅くなります。


早くしなければいけないところへ追いこまれていないからです。

リスクをとっている人は、早くしないと被害が大きくなることがわかっています。

「モタモタしている場合じゃない。なんとかなしければ」と思うから、スピードがついてくるのです。

「頭を使う」

イライラしない人の習慣 34

リスクをとろう。

→「リスクをとる」
→「心が鍛えられる」
→「早く考えられるようになる」
→「イライラがなくなる」
という流れです。

リスクから逃げていると、早く考える力がなくなって、よけいイライラします。

イライラするのは、考え方と行動が遅いからなのです。

ズルいことをすると、ヒヤヒヤがイライラになる。

ズルいことで少し得するようなことをしている人は、ヒヤヒヤします。

「これ、バレたらどうしよう」というヒヤヒヤからイライラが生まれるのです。

イライラの元凶はいくつかあります。

その1個がヒヤヒヤなのです。

少しの得のためにヒヤヒヤするのは、結局、精神的にはエネルギーの消耗量が大きいです。

本人は得したような気持ちでいても、その時間の楽しい思い出が消えます。

バレないかなと思ってドキドキしている間、そのもの自体を楽しめないと、それは大きなマイナスになります。

それなら、そこで少しのズルをしないで、まっとうなことをするほうがいいのです。
罪を犯して逃げまわっている人は、結局、生涯時給は安くなってしまいます。
逃げている時間で割ると、労働時間が長いです。
罪を犯したら、罪の償《つぐな》いをすることです。
ズルをしないでまじめに働くほうが、生涯時給は高くなるのです。

イライラしない人の習慣

35

ズルをしない。

止まっていると思うから、イライラする。

イライラは、「止まっているような気がする」という停滞感から生まれます。

習いごとでイライラするタイプは、「これはやっていてもうまくなるような気がしない。自分には向いていない」と、別の習いごとに変えます。

仕事でも、「編集者が向いている気がしたけど、やっていていまいち進歩しているような気がしないから」と、1カ月で辞める人がいます。

この判断は早すぎます。

続くのは、動いている実感がある時です。

テーマパークは、1列で行列を長くつくります。

その長い列を蛇腹《じゃばら》に組むと、早く進んだ感がある訳です。

4列で並ぶと、ほとんど進んでいる感がないのです。

万里の長城をつくるのは、時間がかかります。

1000人単位の一つのチームでAの山からBの山までの壁をつくるというのは、それだけで何年もかかる訳です。

「これができたら、隣の山だよ」と言われると、一生かかっても進んでいる感がないので、作業をする人は逃亡してしまいます。

そこで、作業範囲を狭くして、その部分ができ上がると、チームごとに遠くへ移動させます。

そうすると、随分進んだような気がするのです。

止まっている感から抜け出す方法は、ものの考え方を変えることです。

自然界において、止まっているものは一つもありません。

一見止まっているように見えても、動いているということを感じ取るのです。

動きは、目で見えるものだけではありません。

ダンスで止まっている瞬間は、動いている瞬間です。

本当に止まると、ブルブル震えてしまいます。

止まっていられるのは、コマのようにまわっているからです。

コマは、止まっている状態では立ちません。

「止まっているように見えるもののほうが、実は動いている」と考えると、イライラしなくてすむのです。

イライラしない人の習慣

36

止まっているものは一つもないと考えよう。

遅刻した恋人へのイライラは、それほど会いたかったということだ。

デートの待ち合わせに恋人が遅刻しました。

「なんだ、こっちだって忙しいのに」

「何よ、あんただけが忙しい訳じゃない。私だって仕事しているんだから」

と、イライラがぶつかり合うと、本当は楽しみにしていたデートが楽しくなくなってしまいます。

これは、解釈の間違いなのです。

「なんで遅れるの？」と言うのは、怒っているのではありません。

「会いたかったのに」という思いの裏返しです。

相手は、「アイ・ラブ・ユー」という気持ちでいるのです。

「それほど会いたかったから、自分は時間を融通した」「上司の残業を断った」と言いたいのです。

恋人のイライラは、愛情表現です。

「自分のことを嫌いだから怒っているんじゃないか」と解釈してしまうのは、イライラへの間違った接し方です。

そうすると、間違ったリアクションをとってしまいます。

それによって、相手もまた「エーッ」と、ボタンのかけ違いの方向へ進みます。

相手がイライラをぶつけてくる時は、「自分のことを嫌いだからではなくて、好きだから怒っているんだ。それほど会いたかったんだな、うれしい」と解釈すればいいのです。

イライラしない人の習慣

37

相手のイライラは、愛情表現と感じよう。

第5章

イライラの連鎖を、止める。

――すべての人に、事情があることを知る。

理想が、現実を変えることができる。

「それってしょせん理想だよね」と言って、夢を叩《たた》き潰《つぶ》す人がいます。

もちろん現実は大切です。

理想と現実のどちらが大切かという議論ではありません。

理想論だけで現実から目を背《そむ》けてもいけないし、現実論だけで理想を捨ててもいけないのです。

両方持っていることは必要です。

今、目の前に立ちふさがっているのは、つらい現実です。

すべての人が、つらい現実と戦っています。

つらい現実を変えていく時に、「理想」という力が必要になります。

イライラしない人の習慣

38

理想を、持とう。

「こうなればいいな」とか「いつかこうしよう」というのが、夢であり、志《こころざし》です。

夢とか志を持っていることで、無味乾燥で、つらいイライラする現実を変えることができるのです。

「しょせんムリムリ」と言うのではなく、1％でも変えていくことです。

理想が現実を塗り替える原動力になるのです。

理想だけ持っている人も、現実だけ持っている人もイライラします。

理想と現実の両方を持つことで、イライラしなくなるのです。

イライラする人は、流れている音楽を聞いていない。

イライラしている人は無音の中に生きています。

BGMが流れていても、聞こえていません。

「イライラする」

↓「まわりの音が聞こえない」

↓「無音の中にいる」

↓「イライラする」

という負のスパイラルに入っているのです。

イライラしない人は、音楽を聞いて、ノッていけます。

そうすると、イライラがなくなって、ますます音楽が聞けるようになるのです。

歯医者さんの待合室では、クラシック音楽が流れています。

あれは、音楽を聞くことでストレスがなくなるからです。

音楽が流れていないと、「キーン」とか「イテテ」しか聞こえてこないので、つらくなります。

音楽が聞こえることとは、それだけストレスと反対のところにいるのです。

音楽の始まりは、人間の歌です。楽器よりも歌が先です。

言語より先に歌があったのです。

集団で猛獣のいる森を抜ける時に、みんなで歌っていると猛獣が襲ってこないからです。

それが歌の始まりです。

みんなと歌っているので、上手ヘタは関係ありません。

最初はコーラスで始まって、やがて専門職として歌う人が出てきたのです。

歌はストレスを取り除いてくれます。

歌っている間は、敵は襲ってきません。

イライラしない人の習慣

39

流れている音楽に、気づこう。

枝の上にいる鳥は歌いますが、地面を歩いている鳥は歌いません。
上にいるほうが敵に襲われないからです。
下にいると狙《ねら》われるので、歌う余裕がないのです。
「歌う」という行為自体、「仲間がいる」「安全である」ということのあかしです。
イライラしながら鼻歌を歌っている人はいません。
鼻歌は、歌おうとして歌うのではなく、気がついたら歌っています。
まわりから「何歌ってるの」と言われて、こっ恥《ぱ》ずかしいのが鼻歌です。
いろいろなところで、いろいろな音楽が流れています。
まずは流れている音楽に気づくことで、イライラは消えていくのです。

15秒以上イライラすると、イライラに酔い始めて、止まらなくなる。

怒っている人が「よくここまでいくよね」と言われるのは、途中から自分でハイになってしまった状態です。

イライラの第1段階ではそこまでいきません。

イライラし始めて15秒過ぎると、第2段階に入ります。

イライラが楽しくなって、自分では制御不能になるのです。

怒っている自分を見ても、冷めるのではなくて、逆に楽しくなります。

相手が謝ると、また楽しくなってしまいます。

これが、イライラハイ状態です。

15秒はあっという間です。

「よくあそこまで怒れるよね」と、ユーチューブで上げられてしまう人は、イライラハイ状態になっているのです。

これを防ぐためには、「15秒たったら、自分でも考えられないぐらいイライラがハイになる。ここで止めるんだ、危ない」と感じて止めることが大切なのです。

イライラしない人の習慣

40

15秒以上イライラしない。

謝りすぎたと感じる時、イライラが起こる。

自分がミスをした時に、謝っている途中で、「こんなに自分が謝っているのに」と、イライラし始める人がいます。

「ちょっとこれは謝りすぎじゃないだろうか。そこまで謝る必要はあるのか」となるのです。

ミスをしたからといって、必要以上に謝らなくていいのです。

とにかくたくさん謝ったほうがいいということはありません。

本当は、謝って、ミスをしたことに対しての対策・改善策・善後策を考えることのほうが大切です。

「とりあえず謝って、この場をしのごう」と思う人は、ひたすら謝ります。

そうすると、謝っているうちに、「こんなに謝っているのになんだ」と、気持ちがヘンな方向へ向かってしまいます。

これがイライラの原因です。

本来は、起こらなくていいイライラです。

謝っている側がイライラするのは、そもそもおかしいです。

ミスをしたのは自分です。

それなのに、謝っている側が「ここまで謝っているのに、なんだ、こいつ、器が小さい」と、迷惑をかけた相手にイライラし始めるのです。

イライラしないコツは、謝りすぎないことなのです。

イライラしない人の習慣

41 謝りすぎない。

謝られすぎても、イライラが生まれる。

謝られすぎると、謝られている側もイライラがたまってきます。

最初のイラッとした感じは、相手のミスに対してです。

謝ってもらって、「まあまあ、そういうのはありますから、しようがないよ」というところで、ちょうどイーブンになります。

いいところを通り過ぎて、まだ謝り続けられると、相手は「こんなに謝られたら、もっと怒らないといけないのかな」と思い始めます。

これが正常な心のバランスです。

心は、常にバランスをとろうとするのです。

私はある映画で悪役を演じました。

警視庁の悪の警視で、所轄《しょかつ》の署長は私より立場的に下です。

所轄が犯人を捕まえた時に、「これは本庁が捕まえたことにしてもらおう」と言うシーンがありました。

所轄の署長役は、名俳優さんが演じていました。

この人は、演技の先生もやっている方です。

私が所轄の署長の両方の肩を持ちながら、「こういう時はどうするんだっけ」と言うセリフをリハーサルで言うと、その名俳優さんがブルブルブルッと震えたのです。

それで、私は「これはいじめたくなった」と、スイッチが入りました。

その時に「名俳優はこういう人だ」と感服したのです。

別のTVドラマでは、私は家庭内暴力夫を演じました。

監督さんに「え、僕ですか」と聞くと、「こういう優しそうな人が暴力男だったらよけい怖いでしょう」と言われて、「そういう狙いですか。わかりました」と納得しました。

奥さん役は、有森也実《なりみ》さんでした。

有森さんが「ごめんなさい」と、目をウルウルさせて名演技で言いました。

あまりに謝られると、不思議と暴れたくなってくるのです。

謝りすぎると、結果として、相手は心のバランスをとろうとして、イライラを生み出していくのです。

イライラしない人の習慣

42

謝らせない。

自分にも、相手にも、事情がある。相手の事情がわかるのが、自立だ。

イライラは、「自分の事情はわかっているけど、相手の事情はわかっていない」という時に起こります。

たとえば、デートで相手が遅れて来ました。

この時に、「こっちは凄い大変な思いして、左遷になるぐらいの覚悟で来ているのに、なんでそっちは断れないで遅れるの？」と、イラッとする人がいます。

「今日のオペラのチケットを手に入れるために、どれだけの費用がかかり、どれだけのところに頭を下げ、どれだけの人脈を使ったか」という自分の事情は自分でわかります。ところが、相手の事情はわからないのです。

事情のない人は、いません。みんなに事情があるとわかってあげることが大切です。

イライラしない人の習慣

43

相手の事情も気づこう。

自分の事情を相手がわかってくれていると信じることです。

「相手からオレはヒマだと思われているんじゃないだろうか」と思うことも、イラッとする原因です。

「ここでちょっとイラッを表現しておかないと、相手にわかってもらえない」

「ここで私ごとながらの事情をプレゼンしておかないと、相手にはご理解いただけないんじゃないか」

と思って、イライラをぶつけていくのです。イライラをぶつける相手に、自分のイライラの事情がわかっていないと思うからです。

ここで、相手も「私には私の事情があるんだ」と言い始めた瞬間に、イライラがぶつかり合います。

すべての人に事情があると気づけば、お互いにイライラしなくてすむのです。

イライラは、相手のイライラを生む。

物事がうまくはかどらない時、赤ちゃんは泣いて物事を解決しようとします。
赤ちゃんが泣いていると、みんなが言うことを聞いてくれるからです。
これを大人になっても続ける人がいるのです。
赤ちゃん流の方法が大人でも通用する、という思いこみを切り替えることです。
赤ちゃんは力がないので、泣いたらみんながかまってくれます。
大人が泣くと、「なんで職場で泣いてるの？」と思われます。
泣くかわりに、怒りを持ってくる人がいます。
怒りがイライラです。
「怒ったら解決するんじゃないだろうか」というのは、赤ちゃんの解決方法です。

大人が怒ると「おまえ、なに逆ギレしてるの？」と言われて、今度は相手のイライラを生み出します。

怒る人は、本当はイライラしているのではありません。手段としてイライラを見せつけようとしているだけです。

イライラを手段に使っているのです。

たとえば、天候調整中で飛行機の出発が遅れました。

すると、カウンターに文句を言いに行く人がいます。

そういう人は、必ずカバンをカウンターにドンと置くのです。

これは、「怒っているぞ」と、イライラを見せつける行為です。

そうした時点で、カウンターの人から嫌われる存在になります。

それでは、万が一の時に呼び出してもらえません。

「こっちだって一生懸命しているんだ。わかったよ、そんなに天候調整がイヤなら欠航だ」と、欠航に変わってしまう可能性もあります。

欠航を出さないために、天候調整中で頑張っているのです。

大人の社会では、イライラをちらつかせることで物事は解決しないのです。

イライラしない人の習慣

44

イライラを見せることで、解決しようとしない。

攻撃されていると感じると、イライラで攻撃し返す。

イライラを相手にぶつけるのは、自分が攻撃されていると感じるからです。

これは、国レベルでも、個人レベルでもあります。

電車の中で「押された」と、ムッとする人がいます。

実際は、押されたのではなくて、電車が揺れてぶつかっただけです。

それを「攻撃された」と考えるのです。

新大阪の駅で、私は自分が乗る「のぞみ」が来たので乗車の列に並びました。

すると、乗り場所を間違えたスーツケースの男性がダーッと走ってきて、私のカバンにバンッとぶつかりました。

その拍子に、私のカバンが私の前の女性に当たってしまいました。

その女性は、怖い顔で「痛いッ」と私をにらみました。
そのころには、私のカバンにぶつかったスーツケースの男性は走り去っていました。
「あの人が今ぶつけてこう行ったんです」と言いたくても、その説明は長くなります。
私は「すみません」と謝りました。
怒っている女性は、ビックリしたのです。
自分も逆の立場なら当然そうなります。
この時、スーツケースで突進して、ぶつかった男性が犯人とは言いきれません。
彼は誰かに間違った号車を教えられた被害者という可能性もあります。
イライラの連鎖《れんさ》は、自分が止めればいいのです。
私は、自分が謝ることでイライラの連鎖を止めました。
イライラの攻撃は連鎖を生むので、誰かが止める係をする必要があるのです。

イライラしない人の習慣

45 自分への攻撃と解釈しない。

第6章

自分も他人も、信頼しよう。

――信じているものには、イライラしない。

長期戦に持ちこんだ側は、イライラしない。

短期決戦に持ちこもうとする人は、イライラします。

長期戦に持ちこんだ側は、イライラがなくなります。

たとえば、デパートのバイヤーに、新人デザイナーが商品を売りこみに来ました。

「デパートで扱うには、ちょっとマニアックすぎる」ということで、扱えないと判断されました。

バイヤーが「いや、ちょっと使えませんね」とすぐに断ると、相手は「なんだ、このデパート。売れても二度と置いてやるものか」となる訳です。

そこにイラッが生まれて、バイヤーも「おまえなんか売れるもんか」と、売り言葉に買い言葉という状態になるのです。

しばらくして、断った商品が他店でたくさん売れました。

今度は、バイヤーが頭を下げて仕入れなければならなくなった時に逆に断られると いうのでは、プラスが何も生まれません。

一流のバイヤーは、すぐに扱えない商品については**「時間をかけて見させてもらえませんか」**と言います。

「時間をかけて見させてもらえませんか。これ、何かあると思うんですよ」と言うのが、長期戦に持ちこむということです。

その場ですぐに結論を出す必要はないのです。

「時間をかけて見させてもらえませんか」と言われると、相手はよそへ行けません。

「またここへ持ってこよう」ということになります。

これが長期戦に持ちこむ形です。

たとえば、気になる相手とデートの約束をしました。

後日、「急に仕事が入ったので」と断られました。

そこで「長いおつきあいにしましょう」と返事をする人には、相手も次のデートのことを言いやすくなります。
「お忙しくて何よりです」と返事をする人は、次のデートのチャンスはなくなるのです。

イライラしない人の習慣

46

長期戦に持ちこもう。

大目に見てもらっていることに気づけると、イライラしない。

イライラしている人は、自分が迷惑をかけているということに気づいていません。

自分は迷惑をかけられている側だと思っているのです。

大人の社会では、迷惑をかけられている人は、相手に「あなたは私に迷惑をかけていますよ」「みんなに迷惑かけていますよ」とは教えません。

学校では、先生が「あなたはみんなに迷惑をかけています。かけないようにしましょう」と教えてくれます。

自分が迷惑をかけていることに気づかない人は、「みんなは自分に対してよくしてくれない」「自分は不遇な扱いを受けている」と解釈します。

「大目に見てもらっている」「長い目で見てもらっている」「オマケしてもらっている」

ということに気づかないと、イライラが生まれるのです。

大目に見てもらっていると感じられる時は、愛は感じても、イライラは感じません。

「これはちょっとオマケしてもらっているな。すみませんね」と思えます。

大目に見てもらっていることに気づけるか気づけないかの違いです。

気づけている人はイライラしません。

大目に見てもらっていることに気づかないでイライラする人は、ますます減点されます。

ここでチャンスを失うのです。

失敗でチャンスは失いません。

失敗した時に、イライラする人ほど、次のチャンスを失うのです。

イライラしない人の習慣

47

大目に見てもらっていることに、気づこう。

信じているものの透視能力は上がる。信じていないものには、イライラしない。

信じていると、透視能力が上がり、当たる確率が高くなります。

信じていないものは、当たる確率が下がります。

最初から「こんなもの」と思っているものは、当たる確率が50％いかなくなります。

「これはいいんだよね」と思うものは、最初は50％の確率でも、50％を超えてくるのです。

成功率を上げたいと思うなら、信じることとです。

信じていないものには、イライラが生まれます。

「あんなものは当たる確率50％いかないよ」と言う人は、実際はずれた時に「ほらね。だから言ったんだよ」と言います。

心の中で、「うまくいかなければいいな」と、はずれることを期待し始めるのです。

そうすると、結果はその期待通りになります。

信心・趣味・尊敬する人、何か一つでも信じているものがある人は、イライラしません。

イライラしている人は、信じるものが一つもないのです。

すべてのものを信じる必要はまったくありません。

好きなものを信じる人は、その好きなものに賭けることでイライラがなくなるのです。

イライラしない人の習慣

48

信じているものを、一つ持とう。

「そういうことだったのか」とわかると、イライラはなくなる。

いきなり意味不明で目的のないことが起きた時は、よけいイラッとします。

「今、うしろからいきなりカバンで攻撃されたのは、走ってきた人のスーツケースがぶつかったからだったんだな」とわかれば、イラッとしなくてすむのです。

そもそもぶつける必要のないことです。

たいていは「それは仕方がないね」という何がしかの理由があって、その物事が起こります。

それは、理不尽ではありません。

理屈がわからないだけで、決して理屈がないのではありません。

そのことに気づくためには、勉強するだけですむのです。

「それぞれにいろいろな事情がある」とわかることが、勉強するということです。

それによって、広い視野を持てます。

ネット社会は、視野が狭くなりがちです。

視野が狭くなるというのは、2つの意味があります。

一つは、スマホを見ている面積が狭いということです。

見ている面積が狭くなるほど、人間はイラッとします。

たとえば、スマホを持っている人が他人にぶつかりました。

スマホを持っていない人が、スマホを持っている人ににらまれます。

ぶつかってきたのはスマホを見ていた人です。

スマホを見ていた人が謝らなければならないのに、スマホを持っていない人に「何ぶつかってんだ」という顔でにらむのです。

この理由は簡単です。

視野が狭いからです。

もう一つは、**スマホの中では、同じ価値観の人たちが狭いネットワークの中で生き**

ているということです。

イライラしない人は、視野の狭い世界ではなく、常に勉強して広い視野を持って生きているのです。

イライラしない人の習慣

49

勉強しよう。

楽しい記憶を思い出すと、イライラがおさまる。

イライラした時は、「イライラを忘れよう」と思っても消えません。
何かの感情を忘れようと思っても簡単には消えないのです。
イライラを消すためには、楽しい思い出を上書きするしかありません。
楽しいことを思い出すためには、思い出を持っていることが大切です。
「あれは楽しかったな」という思い出をどれだけ持っているかです。
楽しかった思い出は、うまくいったことです。
うまくいったことは、楽しい思い出にはなりません。
「旅行で、あの時こんなピンチになったけど、今から思い出すと笑い話だね」という
のが楽しい思い出です。

今まで順風満帆《じゅんぷうまんぱん》に来ている人には、楽しい思い出があまりないのです。

ダンドリ通りいった旅行は、楽しい思い出になりません。

ダンドリ通りいったデートも、恋人関係に発展しないのです。

女性は、ダンドリが嫌いです。

男性は、ダンドリ命です。

男性は、いかにダンドリよく、つつがなく事が運べるかを重要視します。

「どうだ、ダンドリよくできただろう」と自慢したいがために頑張っているので、ダンドリがいったんはずれた段階で、イラッとします。

そのため、彼女が待ち合わせに遅れると、「君が5分遅れただけで、すべてのダンドリがズレる。もうすべてやめた」と怒ります。

途中から軌道修正できないのです。

ダンドリ通りいかないこと、デートで待ち合わせしたのに会えないということのほうが思い出になります。

そこから物語が生まれます。

ダンドリ通りいっていることは、印象に残らないのです。

仕事でも、苦労したこと、しんどかったこと、うまくいかなかったことのほうが覚えています。

旅行でも、飛行機が欠航になると、「あの時、大変だったよね。一時はどうなることかと思った」という楽しい思い出になります。

その楽しい記憶を思い出すことによって、イライラがなくなるのです。

ダンドリよく進んでいる人は、イライラが消えません。

ダンドリ通り進まない人のほうが、イライラしなくてすむのです。

イライラしない人の習慣 50

楽しい記憶を思い出そう。

ムッとすることがあったら、景品ポイントが貯まったと考える。

ムッとすることがあった時は、「1ポイント貯まった」と考えることです。

買い物をして、ポイントカードにポイントが貯まれば景品がもらえる仕組みと同じです。

「だいぶムッとしたことがたまっているね」となると、必ず神様が景品を下さいます。

ムッとしたら、どんどんポイントを貯めればいいのです。

さらに、シルバーカード→ゴールドカード→プラチナカードと、カードのランクも上がります。

うれしいことは、その時すでに引き出しています。

ムッとしたことで、ご褒美に替わるポイントが貯まるならうれしいことです。

ムッとしたことが大きいと、ポイントは10倍になります。

イライラしたら、「ポイントが貯まった」と考えればいいのです。

「タクシーを横取りされた」「前のオバチャンににらまれた」というのは、ポイントが一気に貯まります。

イライラカードを持っておいて、景品と交換するのです。

イライラをその場で吐き出したら、ポイントは貯まりません。

ポイントが貯まるコツは、イライラするような出来事に出会うことです。

そして、そのイライラをぶつけることで使わないことです。

ぶつけたら、せっかくのポイント10倍がパアになってしまうのです。

イライラしない人の習慣

51

イライラを、ご褒美に変えよう。

試行錯誤をしている間は、イライラしない。

「これはこうしたらどうだろう」「ああしたらどうだろう」と、仮説を立てて試行錯誤したり、トライしている間は、イライラしません。

イライラするのは、じっとしている時です。

何かしている時は、イライラしないのです。

たとえば、恋人と行ったレストランが閉まっていました。

「じゃあ、次のお店を探そう」と探し始めて歩いている時は、イライラしません。

探すために動いているからです。ところが、「なぜ休み？」と、そこで立ち止まっていると、イライラしか募らないのです。

次の行動としては、「定休日じゃない日に休んでる」と、お店の悪口を書こうと考えます。

身内にご不幸があったり、店主の具合が悪かったり、何か事情があるからお店を休みにした可能性もあります。「よし、ネットに悪口書いてやろう」と思っても、イライラはおさまりません。悪口を書いていると、自己肯定感が下がるからです。

イライラしない人は、「お店が休みなのは、もっといいお店があるぞと神様が教えてくれているのではないか」と考えます。

さらには、一緒に行った女性に、「私、この近くだから、なんだったら家に食べに来る？」と言われる展開もありえます。

お店が休んでいなければ起こらなかった出来事が起こる可能性があるのです。

想定外の出来事が起こった時は、何か次のチャンスが生まれます。

どんな時も、じっと立ち止まらないことが大切なのです。

イライラしない人の習慣

52

試行錯誤しよう。

自分より、イライラしている人を見つけると、冷静になる。

イライラしている時は、自分よりイライラしている人を探すことです。

たとえば、飛行機がなかなか飛びませんでした。「しばらくお待ちください」と言うだけで、何分後にどうなのかという情報も何もありません。

「これはちょっといっぺん言ってやらないといけないいな」と思っていると、「どないなってんのや」という関西弁と、ドンという音が聞こえました。

その瞬間に、自分はすっと冷静になります。文句を言う人が一人出てくることによって、「まあまあまあ、航空会社の人も大変なんだから」と、急に善人になるのです。

イライラしない人の習慣

53

自分より、イライラしている人を見つけよう。

ある時、飛行機の中で赤ちゃんが泣き出しました。

せっかく飛行機の中で寝ようと思ってビジネスクラスをとっているのです。「ＣＡさんに言うかな」と、言おうとした時に、誰かほかの人が文句を言いました。

すると、「大人げないことを言っちゃダメだよ。赤ちゃんも泣きたくて泣いているんじゃないし、お母さんだって疲れている。みんなこれぐらいのことは平気ですよ。ＣＡさんも大変ですね」と、急に善人になるのです。

一歩違っていたら、自分が文句を言っていた状態です。

自分より先に文句を言ってくれた人は、気づかせてくれた神様のような存在です。

その人のおかげで、「まあまあまあ」という気持ちになって、自分の冷静さが急に保てるようになるからです。イライラしている時は、自分よりイライラしている人を見て「大人げないことを言っちゃダメだよ」と冷静になればいいのです。

イライラする人を見ると、イライラが伝染する。

イライラしないコツは、「今日こんなにイライラしている人がいて」と、みずからイライラしている人を探さないことです。イライラする人は、イライラする人を見て「あの人、あんなに怒ることはないのに」と言います。

世の中には、イライラしている人と、していない人がいます。

イライラは、伝染します。

イライラする人は、イライラしている人を見ています。

イライラしない人は、イライラしていない人を見ています。

飛行機を待たされている同じ空間の中でも、その待ち時間を楽しむ人と、「どうなってるの？」と、ずっとカウンターに詰め寄っている人と、2通りいる訳です。

イライラしない人の習慣

54

イライラしていない人を見よう。

田舎の駅の待合室で、電車を待つ2時間を楽しんでいる人と、ずっと時計を見ている人とがいます。

みんながイライラしていると思うのは、勘違いです。

イライラしている人は、イライラしているあなたを見ているのです。

空港や駅の待合室をどれだけ楽しめるかというのが人生です。

人生そのものである旅をどう楽しむかが大切なのです。

イライラするような状況は、楽しめるチャンスにもなります。

楽しいところにだけ楽しみがあるのではありません。

「これは一歩間違うとイライラするぞ。でも、ここでショータイムが始まるぞ」という出来事があると、そこで人と仲よくなったり、楽しい思い出が生まれるチャンスになるのです。

第7章

異質なものと、出会おう。

――変なものに慣れると、イライラしない。

狭い世界に生きていると、イライラが増える。

イライラしている人は、広い世界に生きていません。
狭い世界に生きている人ほどイライラが起こります。
都会と地方とでは、地方のほうがイライラが大きいです。
一見、地方は田園風ののんびりした社会に見えます。
実際は、地方の閉鎖環境はイライラがたまるのです。
大ぜいいるとイライラするような気がするのは、間違った思いこみです。
人数が少ない、狭い空間になればなるほど、イライラは募ります。
イライラしやすい人は、もっといろいろな人に会えばいいのです。
本来、地方の人はいい人です。

イライラしない人の習慣

55 狭い世界を、抜け出そう。

とんでもない悪人を見たことがありません。

いい人のほんの少しのイヤなところで、イラッとしてしまいます。

都会にはいろいろな人がいます。

優しい人もいれば、価値観の違う人もいます。

価値観の違う人は、ヘンな人ではありません。

イライラしやすい人は、いかに自分が狭い世界で生きているか気づいていません。

異質な世界にもっと行けばいいのです。

住むところの空間的な広さの問題ではなくて、自分自身がいかに異質なものと出会っているかです。じっとしていると、異質なものに出会えません。

イライラしないためには、みずから進んで異質なものにぶつかっていくことが大切なのです。

自分のことを客観的に感じ、他人のことを当事者的に感じる。

イライラする人は、自分のことは自分、他人は他人と考えています。

これがイライラするもとです。

イライラしない人は、自分と他人に境目をつけません。

他人のことを考える時でも、自分のこととして考えます。

「あ、逆の立場だったらわかるよね」というのが、相手の立場に立って客観的に見ることです。

「こっちはちゃんとやっているのに、おまえはなんだ」というのは、自分の主張ばかりしています。

上司やガードマンさんの立場に立てないということは、他者の当事者意識になれなということです。

イライラしても、誰かが得をするなら救いがあります。

実際は、イライラして得になる人は一人もいません。

資源のムダづかいと同じです。

「イライラしているヒマがあったら、電気のひとつもつけろ」と言われても、現実にはムリです。

イライラは、地球全体のマイナスでしかありません。

時には、自分が乗ろうと思っていたタクシーをほかの人にとられることもあります。

そこで「この人も困っているんだろうな」「急いでいるんだろうな」と考えるのが、当事者意識です。

まわりの人の当事者意識に立てることが、イライラしないコツなのです。

イライラしない人の習慣

56

自分と他人の境目をなくそう。

過去の後悔と未来への不安より、今の感情を大切にする。

イライラしている人は、他の感情がなくなります。

「気持ちいい」「おいしい」「うれしい」「楽しい」という今の感情が全部消えるのです。

イライラの原料は、過去の後悔と未来の不安です。

それが、今の感情をかき消してしまいます。

イライラは、「今」にはないのです。

イライラする人は、常に目が過去と未来に向かっています。

「この夕焼けがきれい」「桜がきれい」「もみじがきれい」というのは、何もわかりません。

「今」に生きていないのです。

「あの時、あんなことをしなければよかった」「これからこうなったらどうしよう」という思いが、イライラのもとになります。

女性は、イライラしていても、「とはいうものの、夕日がきれい」「今、気持ちいい風が吹いてきた」と感じることがあります。

男性は、このあと捕りに行くマンモスのことを考えなければならないので、「今」に生きていません。

これがケンカの原因になるのです。

男性が女性に「明日、マンモスを捕りに行こうと思うんだけど」と言うと、

「見て、夕焼けがきれい」

「仕事と夕焼け、どっちが大切なんだ。夕焼けで生きていけるのか。今オレは明日のマンモス捕りの大切な話をしている時に、なんでおまえは聞かないで、夕焼けの話にすり替えるんだ。明日のマンモス捕りのための準備の相談をしようとしていたのに、もうおまえと話をすることはないだろう」

ということが起こる訳です。

イライラしない人の習慣

57

相手の感情を感じよう。

イライラしている人は、相手の感情を何も考えません。

「自分はこうだ」という自分の感情のみを振りまわします。

時に、感情は凶器になります。

常に「今」を感じ、「今」を見つめ、「今」の感情を見ていくことで、相手が今ハッピーか、アンハッピーかということもわかるのです。

すんだことに、イライラする。

イライラする人は、すんだことをグジグジ言います。

もう一つ、まだ起こっていないことで「こうなったらどうするの」「ああなったらどうするの」と考えます。

これはエネルギーのムダづかいです。

イライラしている人は、心の燃費が悪すぎます。

すんだことと、まだ起こっていないことは、考えても仕方ありません。

プロゴルファーの青木功さんの**「しゃあんめぇ」**は名言です。

「すんだことはしようがない」という意味です。

起こっていないことは、起こってから考えればいいのです。

そうしないと、ゴルフはできません。

ゴルフは、後悔と不安を切り捨てるゲームなのです。

プレー中は、「あの時、あそこでこうしていれば」という後悔ばかりです。

それを切り捨てていける人が最後まで残ります。

ライバルや敵と戦っているのではなく、自分のイライラと戦っているのです。

イライラしなかった人が最後まで残るというのは、あらゆるスポーツ・ビジネスも同じです。

人生においては、すんだことも、まだ起こっていないことも、まったく考えなくていいのです。

イライラしない人の習慣

58

まだ起こっていないことも、考えない。

淡い交わりができない人は、イライラする。

イライラする人のつき合い方は、ゼロ（他人）か、100（親友）かです。


よく「絶交」と言う女子高生と同じです。

同じクラスなのに「絶交」と言う必要はまったくありません。

原因はたいしたことない問題です。

「絶交」という言葉が好きなだけです。大人になると、絶交はありません。

ゼロと100の間に、1から99までの無限のグラデーションがあります。

これを「淡い交わり」と言うのです。

淡い交わりの中で、ファジーな数値化できない、流動的な関係をどう保っていけるかです。

ごぶさたの相手に、突然「久しぶり。どうしてたの？　会いたかった」「忘れていたでしょう。今、一瞬、誰？　という顔をしたよね」と、仲よくできます。

「またすぐ会いましょう」と言って、そこからパッタリ音信不通になっても、絶交ではありません。

それがまたどこかで何かの弾《はず》みで、「昔からの仲よしなんです」と紹介できるのが、大人のつきあいです。これが、淡い交わりです。

2回しか会っていなくても、「昔からの仲よし」と言えるのです。

人間関係で、ベッタリ１００％で来る人はすぐ切れてしまいます。

それよりは、１から99のゴムの伸び縮み、弾力性を使いこなすことです。

そうしないと、「なぜ誘ってくれない？」「なぜ誘ったのに来ない？」というイライラが生まれてしまうのです。

イライラしない人の習慣

59

淡い交わりをしよう。

善と悪を分けるわかりやすさに慣れると、イライラする。

アンケートで「よかったですか」「悪かったですか」と聞く時は、真ん中に「どちらでもない」という欄をつくる必要があります。

「どちらでもない」は、意見がないのではありません。

「いいところもあれば悪いところもある。どっちとは言いがたいな」という意見を持っているのです。

さらに新しいグループも生まれます。

「よくわからない」です。

「よくわからない」は、無関心ではありません。

「善とも悪とも言いがたい」という意見です。

自然界は、「善悪どちらでもない」と「よくわからない」で占《し》められています。

「どちらでもない」とつきあっていくことが大切です。

「善か悪か」と言う人は、イライラします。

「どちらでもない」「よくわからない」というのが、イライラしないグループです。

「別にどうってことないよね」と、勝ち負けにこだわりません。

美術館に行って、「こっちの絵とあっちの絵はどっちが勝ちか」という感覚は、芸術にはないのです。

「でも、オークションではこっちのほうが値段が高い」と言う人がいます。

誰もが値段の高いほうを「好きな作品だ」と思うとは限りません。

物事を「善か悪か」「強いか弱いか」「大きいか小さいか」で分ける考え方は、限界があるためにイライラが生まれます。

たとえば、『舌切り雀《すずめ》』という昔話があります。

「あなたなら、お土産は大きいつづらと小さいつづら、どっちがいいですか」と聞くと、「私は両方もらいます。どちらかが当たりというのは童話を読んでいるからわかっています」と言う人がいます。

「童話では、小さいほうにいいのが入っているに決まっているのです。という裏をかいてくるかもしれないので、大きいほうも両方もらって帰っていいですか」と、前後にランドセルを背負うように持って帰っても、「もっと大きいのがあったかもしれない」と考えたらキリがありません。

器には限界があります。

器があると、器以上のものを持って帰ることはできません。

器を持って行くより、手ぶらで行ったほうがすべてのものを持って帰れます。

自分を相手に捧げてしまえば、相手の中に入ってしまうので、相手の全部がもらえるという状態になるのです。

イライラしない人の習慣 60

物事に限界をつくらない。

大声の敵が、すべてだと考えるとイライラする。

ネット社会が大変なのは、とにかく敵の声が大きいことです。

そのため、敵の声は耳に届きやすいです。

味方は黙っているのです。

「ノイジー・マイノリティー（うるさい少数派）」と「サイレント・マジョリティー（静かな多数派）」があります。

少数の文句を言う人は声が大きくて、大ぜいの味方は声が小さいということです。

文句を言う人の声が大きく聞こえる情報化社会は、みんなが文句を言っているように感じがちです。

実際は、文句を言っている人はごく一部の人で、声が大きいだけです。

その大きい声が全部だと思うと、イラッとしてしまうのです。

イライラしないためには、静かに黙っている大ぜいの応援者に気づく必要があります。

寡黙《かもく》なたくさんの応援者がいることを信じて、感謝することができれば、イライラすることはないのです。

イライラしない人の習慣

61

静かな応援者の存在に気づこう。

異質な人とつきあうことで、身近な人との壁もなくなる。

一番イライラするのは、遠い人に対してではありません。
一番身近な人に対してです。
会社では、社長にイライラする人はいません。
直属の上司・同僚・先輩という身近な人にイライラします。
本来、身近な人は味方です。
その味方にイライラする人は、結果として、仲間割れをします。
『三国志』の時代から、戦《いくさ》で負ける原因は仲間割れです。
勝負は、兵器の数では決まりません。
昔の中国も、日本の戦国時代も、戦い方はすべて、仲間割れをどうやって起こさせるかです。それぐらい、最も味方にイライラするということです。

うまくいく人は、味方にイライラしません。

敵にイライラするのはまだわかりますが、味方にイライラする人がいるのです。

味方にイライラしないためには、異質な人とつきあうことです。

異質な人とつきあっていると、「味方は同じ考え方だ」という味方感がよりわかります。異質な人と接していないと、「99％同じなんだけど、1％違う」と、身近な人のわずかな違いが目につきます。

考え方が違う人がいると、身近な人について「この人とは本当に意気投合する」と再認識します。

そのためには異質な人に出会ったり、異質な本を読むことが大切です。

現代のような、異質に出会えない情報化社会はきついのです。

検索をかけて同質を探せるからです。

異質は検索をかけられません。「異質」というキーワードを入れてもムリです。

新聞を読んでいると、興味あるなしに関係なく、いろいろなことが目に飛びこんできます。

異質なものと出会うには、本屋さんに行けばいいのです。

本屋さんに行くと、異質なものが目に飛びこんできます。

ネットの利用履歴から、「あなたはこの本が好きじゃないですか」という情報が来ると、当たっています。それだけで、本を全部検索した気がしてしまうのです。

広告できる本は、出版されている本の中のごく一部です。

実際は、広告していない本がほとんどです。

本屋さんには、新聞広告されていない本がたくさんあります。

結果として、本屋さんに行くと、「なんだ、これ」という本に出会えるのです。

ふだんから、「なんだ、これ」という本に出会っている人は、イライラしないのです。

イライラしない人の習慣

62

異質な人と、つきあおう。

エピローグ

なくなったのではない。
大切なものを、手に入れたのだ。

イライラする原因は、「自分が今まで持っていたものがなくなるのではないか」という喪失感《そうしつかん》です。何かが手に入る時は、イライラはありません。来たと思ったタクシーがとられるという、あったと思ったものがなくなる喪失感でイライラするのです。

人生において、なくなるものは一つもありません。すべては交換です。

なくなるのではなく、もっと大切なものが手に入るのです。

モノがなくなる、恋人がいなくなる、仕事がなくなる、肉親が亡くなる……、そういう時は、必ず新しい大切な何かが入ってきます。そのものがなくなることによって、何かを学びます。それも大切な何かが入ってくるということです。

持っているものがなくなって、もっといいものが来た時に、イライラはなくなって、ニコニコになるのです。

イライラするのは、なくなっただけで、次のものがまだ入ってこない時です。

恋人にフラれてワンワン泣いていた人が、もっといい恋人とめぐり合うと、突然、「別れてよかった」と言い始めます。さっきまで泣いていた人はどこに行ったのかという話です。その人自身には、なんの変化もないのです。

大切なものが手に入っても、気づかないことがあるのです。

なくなったものばかり見て、手に入っているものを見ないからです。

つい自分の手に入っているものは、あえてフォーカスして見ようとしません。

「あれがなくなった」とか「あの人が去った」というところばかり見るのです。

なくなった時には、必ず交換で何かが手に入っています。

まずは、手に入ったモノに気づくことです。そうすれば、イライラはなくなります。

来月、海外旅行に行く人がいます。まだ「海外旅行」自体は起こっていません。それでもイライラしないのは、ワクワクしているからです。ところが、まだいい連絡が来ないということにはイライラします。まだ起こっていない出来事にイライラするか、ワクワクするかは、自分自身が判断することなのです。

まだ手に入っていなくても、間もなくやって来るのです。

イライラしない人の習慣

63

手に入れたものに、気づこう。

『なぜあの人は心が折れないのか』

【大和出版】
『「欲張りな女」になろう。』
『一流の準備力』

『好かれる人が無意識にしている気の使い方』
(すばる舎リンケージ)
『一流のストレス』**(海竜社)**
『成功する人は、教わり方が違う。』
(河出書房新社)
『一歩踏み出す5つの考え方』
『一流の人のさりげない気づかい』
(KKベストセラーズ)
『名前を聞く前に、キスをしよう。』
(ミライカナイブックス)
『ほめた自分がハッピーになる「止まらなくなる、ほめ力」』**(パブラボ)**
『なぜかモテる人がしている42のこと』
(イースト・プレス　文庫ぎんが堂)
『「ひと言」力。』**(パブラボ)**
『人は誰でも講師になれる』
(日本経済新聞出版社)
『会社で自由に生きる法』
(日本経済新聞出版社)
『全力で、1ミリ進もう。』**(文芸社文庫)**
『「気がきくね」と言われる人のシンプルな法則』**(総合法令出版)**
『なぜあの人は強いのか』**(講談社+α文庫)**
『3分で幸せになる「小さな魔法」』
(マキノ出版)
『大人になってからもう一度受けたいコミュニケーションの授業』
(アクセス・パブリッシング)
『運とチャンスは「アウェイ」にある』
(ファーストプレス)
『大人の教科書』**(きこ書房)**
『モテるオヤジの作法2』**(ぜんにち出版)**
『かわいげのある女』**(ぜんにち出版)**
『壁に当たるのは気モチイイ
人生もエッチも』**(サンクチュアリ出版)**
『ハートフルセックス』[新書]
(KKロングセラーズ)
書画集『会う人みんな神さま』**(DHC)**
ポストカード『会う人みんな神さま』
(DHC)

[面接の達人]**(ダイヤモンド社)**

『面接の達人　バイブル版』

【PHP文庫】
『もう一度会いたくなる人の話し方』
『お金持ちは、お札の向きがそろっている。』
『たった3分で愛される人になる』
『自分で考える人が成功する』
『大学時代しなければならない50のこと』

【だいわ文庫】
『美人は、片づけから。』
『いい女の話し方』
『「つらいな」と思ったとき読む本』
『27歳からのいい女養成講座』
『なぜか「HAPPY」な女性の習慣』
『なぜか「美人」に見える女性の習慣』
『いい女の教科書』
『いい女恋愛塾』
『やさしいだけの男と、別れよう。』
『「女を楽しませる」ことが男の最高の仕事。』
『いい女練習帳』
『男は女で修行する。』

【学研プラス】
『美人力』(ハンディ版)
『嫌いな自分は、捨てなくていい。』

【阪急コミュニケーションズ】
『いい男をつかまえる恋愛会話力』
『サクセス＆ハッピーになる50の方法』

【あさ出版】
『なぜ あの人はいつも若いのか。』
『孤独が人生を豊かにする』
『「いつまでもクヨクヨしたくない」とき読む本』
『「イライラしてるな」と思ったとき読む本』

【きずな出版】
『悩まない人の63の習慣』
『いい女は「涙を背に流し、微笑みを抱く男」とつきあう。』
『いい女は「紳士」とつきあう。』
『いい女は「言いなりになりたい男」とつきあう。』
『いい女は「変身させてくれる男」とつきあう。』
『ファーストクラスに乗る人の自己投資』
『ファーストクラスに乗る人の発想』
『ファーストクラスに乗る人の人間関係』
『ファーストクラスに乗る人の人脈』
『ファーストクラスに乗る人のお金2』
『ファーストクラスに乗る人の仕事』
『ファーストクラスに乗る人の教育』
『ファーストクラスに乗る人の勉強』
『ファーストクラスに乗る人のお金』
『ファーストクラスに乗る人のノート』
『ギリギリセーーフ』

【ぱる出版】
『察する人、間の悪い人。』
『選ばれる人、選ばれない人。』
『一流のウソは、人を幸せにする。』
『セクシーな男、男前な女。』
『運のある人、運のない人』
『器の大きい人、小さい人』
『品のある人、品のない人』

【リベラル社】
『チャンスをつかむ 超会話術』
『自分を変える 超時間術』
『一流の話し方』
『一流のお金の生み出し方』
『一流の思考の作り方』
『一流の時間の使い方』

【秀和システム】
『楽しく食べる人は、一流になる。』
『一流の人は、〇〇しない。』
『ホテルで朝食を食べる人は、うまくいく。』
『なぜいい女は「大人の男」とつきあうのか。』
『服を変えると、人生が変わる。』

【日本実業出版社】
『出会いに恵まれる女性がしている63のこと』
『凛とした女性がしている63のこと』
『一流の人が言わない50のこと』
『一流の男　一流の風格』

【主婦の友社】
『あの人はなぜ恋人と長続きするのか』
『あの人はなぜ恋人とめぐりあえるのか』
『輝く女性に贈る 中谷彰宏の運がよくなる言葉』
『輝く女性に贈る　中谷彰宏の魔法の言葉』

【水王舎】
『「人脈」を「お金」にかえる勉強』
『「学び」を「お金」にかえる勉強』

【毎日新聞出版】
『あなたのまわりに「いいこと」が起きる70の言葉』

【あさ出版】
『気まずくならない雑談力』
『人を動かす伝え方』
『なぜあの人は会話がつづくのか』

【学研プラス】
『セクシーな人は、うまくいく。』
文庫『片づけられる人は、うまくいく。』
『なぜ あの人は2時間早く帰れるのか』
『チャンスをつかむプレゼン塾』
文庫『怒らない人は、うまくいく。』
『迷わない人は、うまくいく。』
文庫『すぐやる人は、うまくいく。』
『シンプルな人は、うまくいく。』
『見た目を磨く人は、うまくいく。』
『決断できる人は、うまくいく。』
『会話力のある人は、うまくいく。』
『片づけられる人は、うまくいく。』
『怒らない人は、うまくいく。』
『ブレない人は、うまくいく。』
『かわいがられる人は、うまくいく。』
『すぐやる人は、うまくいく。』

【リベラル社】
『問題解決のコツ』
『リーダーの技術』

『歩くスピードを上げると、頭の回転は速くなる。』**(大和出版)**
『結果を出す人の話し方』**(水王舎)**
『一流のナンバー2』**(毎日新聞出版社)**
『なぜ、あの人は「本番」に強いのか』**(ぱる出版)**
『「お金持ち」の時間術』**(二見書房・二見レインボー文庫)**
『仕事は、最高に楽しい。』**(第三文明社)**
『「反射力」早く失敗してうまくいく人の習慣』**(日本経済新聞出版社)**
『伝説のホストに学ぶ82の成功法則』**(総合法令出版)**
『リーダーの条件』**(ぜんにち出版)**
『転職先はわたしの会社』**(サンクチュアリ出版)**
『あと「ひとこと」の英会話』**(DHC)**

[恋愛論・人生論]

【ダイヤモンド社】
『なぜあの人は感情的にならないのか』
『なぜあの人は逆境に強いのか』
『25歳までにしなければならない59のこと』
『大人のマナー』
『あなたが「あなた」を超えるとき』
『中谷彰宏金言集』
『「キレない力」を作る50の方法』
『30代で出会わなければならない50人』
『20代で出会わなければならない50人』
『あせらず、止まらず、退かず。』
『明日がワクワクする50の方法』
『なぜあの人は10歳若く見えるのか』
『成功体質になる50の方法』
『運のいい人に好かれる50の方法』
『本番力を高める57の方法』
『運が開ける勉強法』
『ラスト3分に強くなる50の方法』
『答えは、自分の中にある。』
『思い出した夢は、実現する。』
『面白くなければカッコよくない』
『たった一言で生まれ変わる』
『スピード自己実現』
『スピード開運術』
『20代自分らしく生きる45の方法』
『大人になる前にしなければならない50のこと』
『会社で教えてくれない50のこと』
『大学時代しなければならない50のこと』
『あなたに起こることはすべて正しい』

【PHP研究所】
『なぜあの人は、しなやかで強いのか』
『メンタルが強くなる60のルーティン』
『なぜランチタイムに本を読む人は、成功するのか。』
『中学時代にガンバれる40の言葉』
『中学時代がハッピーになる30のこと』
『14歳からの人生哲学』
『受験生すぐにできる50のこと』
『高校受験すぐにできる40のこと』
『ほんのささいなことに、恋の幸せがある。』
『高校時代にしておく50のこと』
『中学時代にしておく50のこと』

中谷彰宏　主な作品一覧

[ビジネス]

【ダイヤモンド社】

『50代でしなければならない55のこと』
『なぜあの人の話は楽しいのか』
『なぜあの人はすぐやるのか』
『なぜあの人の話に納得してしまうのか[新版]』
『なぜあの人は勉強が続くのか』
『なぜあの人は仕事ができるのか』
『なぜあの人は整理がうまいのか』
『なぜあの人はいつもやる気があるのか』
『なぜあのリーダーに人はついていくのか』
『なぜあの人は人前で話すのがうまいのか』
『プラス1%の企画力』
『こんな上司に叱られたい。』
『フォローの達人』
『女性に尊敬されるリーダーが、成功する。』
『就活時代しなければならない50のこと』
『お客様を育てるサービス』
『あの人の下なら、「やる気」が出る。』
『なくてはならない人になる』
『人のために何ができるか』
『キャパのある人が、成功する。』
『時間をプレゼントする人が、成功する。』
『ターニングポイントに立つ君に』
『空気を読める人が、成功する。』
『整理力を高める50の方法』
『迷いを断ち切る50の方法』
『初対面で好かれる60の話し方』
『運が開ける接客術』
『バランス力のある人が、成功する。』
『逆転力を高める50の方法』
『最初の3年その他大勢から抜け出す50の方法』
『ドタン場に強くなる50の方法』
『アイデアが止まらなくなる50の方法』
『メンタル力で逆転する50の方法』
『自分力を高めるヒント』
『なぜあの人はストレスに強いのか』
『スピード問題解決』
『スピード危機管理』
『一流の勉強術』
『スピード意識改革』
『お客様のファンになろう』
『なぜあの人は問題解決がうまいのか』
『しびれるサービス』
『大人のスピード説得術』
『お客様に学ぶサービス勉強法』
『大人のスピード仕事術』
『スピード人脈術』
『スピードサービス』
『スピード成功の方程式』
『スピードリーダーシップ』
『大人のスピード勉強法』
『出会いにひとつのムダもない』
『お客様がお客様を連れて来る』
『お客様にしなければならない50のこと』
『30代でしなければならない50のこと』
『20代でしなければならない50のこと』
『なぜあの人は気がきくのか』
『なぜあの人はお客さんに好かれるのか』
『なぜあの人は時間を創り出せるのか』
『なぜあの人は運が強いのか』
『なぜあの人はプレッシャーに強いのか』

【ファーストプレス】

『「超一流」の会話術』
『「超一流」の分析力』
『「超一流」の構想術』
『「超一流」の整理術』
『「超一流」の時間術』
『「超一流」の行動術』
『「超一流」の勉強法』
『「超一流」の仕事術』

【PHP研究所】

『もう一度会いたくなる人の聞く力』
『[図解]仕事ができる人の時間の使い方』
『仕事の極め方』
『[図解]「できる人」のスピード整理術』
『[図解]「できる人」の時間活用ノート』

【PHP文庫】

『入社3年目までに勝負がつく77の法則』

【オータパブリケイションズ】

『レストラン王になろう2』
『改革王になろう』
『サービス王になろう2』
『サービス刑事』

著者紹介

中谷彰宏（なかたに・あきひろ）

1959年、大阪府生まれ。早稲田大学第一文学部演劇科卒業。84年、博報堂に入社。CMプランナーとして、テレビ、ラジオCMの企画、演出をする。91年、独立し、株式会社中谷彰宏事務所を設立。ビジネス書から恋愛エッセイ、小説まで、多岐にわたるジャンルで、数多くのロングセラー、ベストセラーを送り出す。「中谷塾」を主宰し、全国で講演・ワークショップ活動を行っている。

■公式サイト　http://www.an-web.com/

本の感想など、どんなことでも、
あなたからのお手紙をお待ちしています。
僕は、本気で読みます。　　中谷彰宏

〒162-0816　東京都新宿区白銀町1-13
きずな出版気付　中谷彰宏行
※食品、現金、切手などの同封は、ご遠慮ください（編集部）

中谷彰宏は、盲導犬育成事業に賛同し、この本の印税の一部を（公財）日本盲導犬協会に寄付しています。

イライラしない人の63の習慣

2017年12月1日　第1刷発行

著　者　　中谷彰宏

発行者　　櫻井秀勲
発行所　　きずな出版
東京都新宿区白銀町1-13　〒162-0816
電話03-3260-0391　振替00160-2-633551
http://www.kizuna-pub.jp/

装　幀　　福田和雄（FUKUDA DESIGN）
編集協力　ウーマンウエーブ
印刷・製本　モリモト印刷

ISBN978-4-86663-017-5

きずな出版

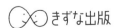

中谷彰宏の好評シリーズ

ファーストクラスに乗る人のノート

毎日が楽しくなるノートの 72 の書き方
ノートに書くから、面白いことに出会える！　ノートの取り方がわからない人、とったノートが、置きっぱなしになっている人、面白いことに出会いたい人に読んでほしい中谷彰宏のノートの書き方。

ファーストクラスに乗る人のお金

自分の器が大きくなる 61 の方法
披露宴の御祝儀は、事前に送る人がお金持ちになる——お金の流れを知って、その使い方、つき合い方を学ぶ。お金を増やす方法は、その稼ぎ方ではなく、まずは「お金が入る器」をつくることだった！

ファーストクラスに乗る人のお金 2

人生のステージが上がる 61 の工夫
マナーの悪い人に銀行も神様も、お金を貸さない——勉強してるけど稼ぎにつながらなくて焦っている人、貯金しようか使おうか迷っている人、もっと稼げるようになりたい人に、生きるお金の使い方がわかる本。

ファーストクラスに乗る人の教育

モテ稼げる力を育てる 64 の方法
教育の目的は、モテモテになって稼げる人間に育てること——子どもを育てる、部下を育てる、自分を育てるために、ファーストクラスに乗っている人がやっていることとは！

ファーストクラスに乗る人の仕事

毎日がワクワクする 67 のヒント
退社間際の頼まれごとを、引き受けよう——毎日の仕事にワクワクできない人、自分の天職が見つからない人、会社の歯車になりたくないへ。仕事を通して、生き方を学ぼう。

各 1400 円（税別）

書籍の感想、著者へのメッセージは以下のアドレスにお寄せください
E-mail：39@kizuna-pub.jp

http://www.kizuna-pub.jp

中谷彰宏の好評既刊

悩まない人の63の習慣

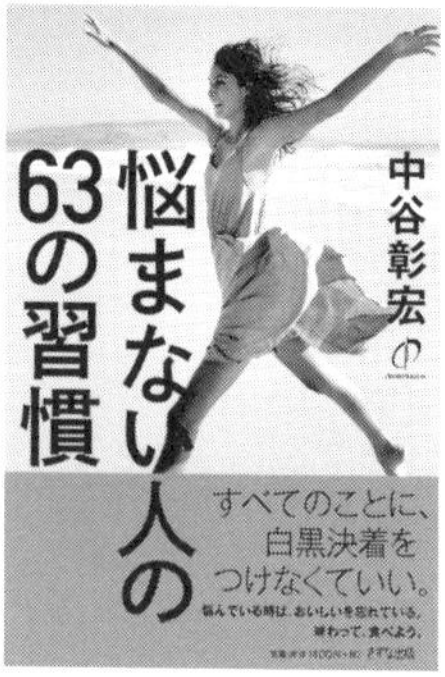

すべてのことに、
白黒決着をつけなくてもいい

悩んでいる時は、おいしいを忘れている。
味わって食べよう。
――つらいことや悲しいこと、
理不尽なことに直面したとき、
どうしたら悩まないですむか？

・元気な時に、実行しよう。
・不足に、感謝しよう。
・まず１カ所だけ、きれいにしよう。
・「自分は変われる」と信じよう。
・自分の問題から逃げまわらない。
・失敗したら、リセットしよう。
……など、悩まない人の63の習慣を収録！

定価 1400円（税別）

書籍の感想、著者へのメッセージは以下のアドレスにお寄せください
E-mail：39@kizuna-pub.jp

http://www.kizuna-pub.jp